ÜBER DIESES BUCH

Die ›Geheimnisse einer Kindheit‹ und mit ihnen die längst versunkene Welt der k. und k. Monarchie vor dem ersten Weltkrieg werden in diesem Buch beschworen. Die Autorin »darf stolz auf dieses Buch sein, auf seinen klaren Stil, auf das Abgewogene seiner Haltung, auf die menschliche Klugheit und Güte, die hinter dem Ganzen steht, aber auch auf die melodiöse Resignation, die Schnitzlerische Melancholie, aus welchen Ingredienzien sich das Buch zu einer vollendeten Einheit zusammenfügt«. (Erich Pfeiffer-Belli in ›Das Schönste‹)

DIE AUTORIN

Alice Herdan-Zuckmayer wurde in Wien geboren und verlebte dort ihre Kinder- und Mädchenjahre. Nachdem sie in Berlin einige Zeit als Schauspielerin tätig gewesen war, heiratete sie im Jahre 1925 den Dichter Carl Zuckmayer, der damals, noch vor dem Erfolg des ›Fröhlichen Weinberg‹, um seine Anerkennung als Dramatiker kämpfte. Sie holte dann ihre Reifeprüfung nach und studierte einige Semester Medizin. Ihr Studium wurde durch die »Machtergreifung« im Jahre 1933 unterbrochen. Nach dem Einmarsch Hitlers in Österreich mußten Carl und Alice Zuckmayer ihr dortiges Heim, in Henndorf bei Salzburg, verlassen. Im Jahre 1939 wanderten sie mit ihren beiden Töchtern nach Amerika aus, wo sie während der Kriegsjahre eine Farm im Staat Vermont betrieben. Sie lebt heute im Wallis (Schweiz). Carl Zuckmayer starb am 18. 1. 1977. 1979 erschienen ihre Erinnerungen an die Pädagogin Eugenie Schwarzwald ›Genies sind im Lehrplan nicht vorgesehen‹, Frankfurt a. M. Außerdem sind im Fischer Taschenbuch Verlag erschienen: ›Die Farm in den grünen Bergen‹ (Bd. 142), ›Das Scheusal‹ (Bd. 1528), ›Genies sind im Lehrplan nicht vorgesehen‹ (Bd. 5092).

Alice Herdan-Zuckmayer

Das Kästchen

Die Geheimnisse einer Kindheit

Fischer Taschenbuch Verlag

129.–131. Tausend: Oktober 1986

Veröffentlicht im Fischer Taschenbuch Verlag GmbH,
Frankfurt am Main, Mai 1966

Lizenzausgabe mit freundlicher Genehmigung
des S. Fischer Verlages, Frankfurt am Main
© 1962 S. Fischer Verlag, Frankfurt am Main
Umschlagentwurf: Rau/Hoffmann
Druck und Bindung: Clausen & Bosse, Leck
Printed in Germany
780-ISBN-3-596-20733-9

Inhalt

I Das Sicherinnern 7
II Das Puppenhaus 14
III Madeleine 23
IV Rosa 31
V Das Wetter 39
VI Die Schule 42
VII Ausflug 51
VIII Der Mann im Fenster 62
IX Die Leiter 70
X Das Weiße 80
XI Die Haut 84
XII Die Hexenprobe 93
XIII Die Mutter 100
XIV Die Nadel 107
XV Der Weichselzopf 111
XVI Das Kästchen 119
XVII Die Hochzeit 131
XVIII Der Lackhut 149
XIX Die Herzogin 161

I   Das Sicherinnern

Wir sind in eine verwandelte Welt gestellt.
Seit Menschengedenken waren die Eltern Gesetzesgeber, Richter, Hausgötter gewesen, sie belohnten und straften, sie besaßen das Wissen vom Guten und vom Bösen, sie lebten ohne Angst im Zustand der Sicherheit und der Unfehlbarkeit. Die Eltern waren ein Teil der überirdischen Macht und der festgesetzten Ordnung auf Erden.
Man konnte als Kind nicht gegen sie rechten, ihre Ungerechtigkeiten waren wie ein Schicksal, gegen das man nicht kämpfen durfte, ohne in die Zone des Bannfluchs zu geraten. Sie waren die Wolken und Gestirne über unsrer Kindererde, sie blitzten und donnerten, sie spendeten hellen Sonnenschein und mildes Mondlicht, sie waren durch den Weltenraum von uns getrennt und uns doch ganz nah, verbunden durch Ehrfurcht und Liebe. Dann brach die Rebellion aus gegen die Welt der Älteren, gegen ihre Unfehlbarkeit, gegen ihre Gesetze, die offensichtlich zu dem Zusammenbruch von Staaten, der Trennung der Völker, der Zertrümmerung des von ihnen für die Ewigkeit Gebauten, kurz zu allem Unheil geführt hatte, das nun über uns hereingebrochen war.
Wir zogen sie zur Verantwortung, wir zerstörten unsern Kinderhimmel, wir holten die Gestirne herab, wir stürzten unsre Hausgötter, ohne zu ahnen, wie bald Altäre mit Götzenbildern aufgerichtet würden, um Rauch-, Blut- und Menschenopfer darzubringen.
Nun sind wir in eine verwandelte Welt gestellt.
Die Erwachsenen haben Angst, und die Kinder versucht man, vor der Angst zu schützen.
Die Erwachsenen wissen, daß sie selbst in einem Dämonenwald hausen, in dem Verderben, Folter und Tod lauern, sie sehen aus den Ebenen Rauchsäulen in überirdischem Licht zum Himmel steigen und alles Leben in weitem Umkreis vernichten, sie spüren, daß die Urangst sich wie ein dem Glashals entstiegener Flaschengeist um sie ausdehnt. Sie wissen, daß die Realität alle Märchen der Welt an Schrecklichkeit übertrifft. Die Erwachsenen unsrer Zeit haben die

ungeheuerlichsten, abenteuerlichsten, furchtbarsten Träume auf die Erde, in den Tag, in die Wirklichkeit beschworen. Sie sind große Hexenmeister: sie fliegen auf Zauberteppichen durch die Lüfte, sie schlucken Zeit und Raum, es treibt und schnellt sie nach Mars und Mond. Sie lassen sich hinabsinken auf den Meeresgrund und hocken in verschlossenen Booten wie Jonas in seinem Walfisch. Sie lassen riesige Städte entstehen, um sie mit einem Zauberschlag zerstören zu können. Sie nehmen den Toten das Herz aus der Brust und erwecken sie wieder zum Leben. Sie sind Zauberer, Alchimisten, Teufel, Riesen, Zwerge, Feen, sie vollbringen in diesen Verwandlungen Wundertaten. Da aber ihre Taten so ganz in der Wirklichkeit verhaftet sind und das Geschenk der Gottähnlichkeit wohl mit dem Verbot des Nichtrückschauendürfens verbunden ist, da sie also gänzlich in der Gegenwart und für die Zukunft leben müssen, kann es geschehen, daß sie sich mit aller Macht nach jener Zeit ihrer Vergangenheit zurücksehnen, in der ihre Vorwirklichkeit lag und in der sie ihre eigene, unverwandelte Menschengestalt in schattenhaften Umrissen erkennen können.
Diese Zeit der Vorwirklichkeit liegt in der Kindheit.
Wenn ich über die Steine des Forums in Rom, durch die Höhlen der Santa Maria Antiqua hinauf in die Gärten des Palatins gerate, ist mir ähnlich zumute wie bei der Erinnerung an meine Kindheit.
In dem einen Fall muß ich mir die Geschichte ins Gedächtnis zurückrufen, um die Bedeutung der Steine, Mauern, Höhlen, Wege zu begreifen und damit das unerklärliche Glücksgefühl über die Schönheit durch das Wissen von Vergänglichkeit und Unsterblichkeit ins Unermeßliche steigern zu können. Im andern Fall ist es die Erinnerung an die eigene Geschichte, an die Urgeschichte des eigenen Lebens.
Man muß unerschrocken sein, um sich in die Höhlen seiner eigenen Kindheit hinabzulassen.
Die wahren Berichte aus der frühen Kindheitsgeschichte sind immer bruchstückartig und gemahnen an Höhlenzeichnungen.
Man soll nur einmal versuchen, im Stockdunkeln durch sein eigenes Zimmer zu gehen, um zu erleben, wie alles Tagbekannte, betastet, fremd erscheint, um das hilflose Stolpern und Sich-Anstoßen im wohlbekannten Raum zu erfahren.

Betrachtet man im Mondschein, die Augen halb geschlossen und von den Wimpern bedeckt, die helle Wäsche auf dem Stuhl neben dem Bett, so wird man bald die gespenstischen, weiß verschlungenen Gestalten sehen, die einen als Kind bedrängten. Legt man die Hände leicht über die Ohren, so bedarf es nicht viel Erinnerns, um im Rauschen des Baches Stimmen zu hören und menschliche Stimmen, entkleidet der Worte, nur mehr als Laute zu vernehmen.

Ich höre die Geräusche der Erinnerung, die Geräusche meiner Kinderstadt: Wien.
Ich höre das Scheppern der Einspänner, das Poltern der Lastwagen, das kaum hörbare Gummiradeln der Fiaker, das schnelle und langsame Klappern der Pferdehufe auf dem Kopfsteinpflaster, das Schrillen der Fahrradglöckchen, das Quäken der gummiballenen Autohupen.
Da spielt der Werkelmann auf seiner Drehorgel, da klappert der Kroat mit den hölzernen Kochlöffeln, da klimpert der Bosniak mit Kettchen und Armbändern, da klirren die Blechtöpfe und Mausfallen des Rastelbinders, da zischt der Schleifstein des Scherenschleifers, da rauscht und rollt es im mächtigen Sack des Binkljuden, da knistern die Bänder im Kasten des Bandelkramers. Da ruft der Maronibrater, da schneidet der Salamudschimann mit seinem scharfgeschliffenen Säbelmesser die Salami in schleierdünne Scheiben, da zieht der Türk den Gefrorenenwagen mit Eis, türkischem Honig, Nüssen, Datteln und Feigen.
Alle wiegen und singen sie ihre Sätze: kaafts, kaafts, singen sie, Kochlöffeln, Panneflicke, Sseeeressleife, gaafte Mausfalli, Handlee, Salamini-da bin i... Sie spielen auf Pfeifen, Flöten und Schalmeien, jeder gehört zu seinem Singsang bis in alle Ewigkeit.
Sie sind bunt gekleidet, sie riechen nach fremden Ländern, sie gurren in fremden Lauten, man träumt von ihnen, man fürchtet sich vor ihnen, man liebt sie. Sie kommen von weit her, sie kommen aus den Kronländern, sie gehören zu unsrer Krone, sie gehören zu uns. Sie haben viele Namen, und schon früh konnte ich ihre Namen aufsagen wie einen Spruch: die Ungarn und Polen, die Böhmen und Mährer, Rumänen, Ladiner, Italiener, Armenier, Spaniolen, Galizier, Bosniaken, Slowaken, Slowenen, Ruthenen. Sie reden in

vielen Sprachen, und der Kaiser, sagte man, konnte in allen ihren Sprachen zu ihnen reden. Ob unser Kaiser wohl auch die Vogelsprache verstand?

Da war ein ungeheurer Raum mit einer Lampe. Da stand mein Kinderklapptisch tief unter der Lampe. Er war dunkel und schwer, bunte Kugeln waren an der Tischplatte befestigt. Der Sessel war eins mit dem Tisch, Lehne und Seiten waren eine feste Verzäunung.
In der Umzäunung saß ich.
Ich mochte damals kaum zwei Jahre alt gewesen sein, aber ich kann mich erinnern. Ich erinnere mich an die Umrisse des Zimmers, an das Licht von oben, an den Geruch von Spiritus und Grießbrei. Ich erinnere mich an die Riesen, die an mir vorbeiwanderten, in Röcken und Röhren. Nur mittags, wenn mein Klappstuhl zu einem hohen Sessel umgewandelt, an den Tisch geschoben wurde, konnte ich die Oberteile der Kolosse sehen, die Rümpfe auf denen große, weiße Gesichter standen. Tief unter mir lag ein kleiner Hund, weit entfernt von mir, klein wie ich. Aus dieser Zeit von Raum und Unmaß gab es ein Wesen, das sich abhob von den Kolossen.
Es stampfte durchs Zimmer wie die andern. Es blieb bei meinem Tisch stehen wie die andern, es beugte sich zu mir herab wie die andern. Aber dann war da eine Zusammensetzung von Geräusch, Bewegung und Sprechen, die mit diesem Wesen verbunden, sich als erste feste Form aus der Gallertschicht der frühesten Erinnerung abhebt.
Da war also der Raum, der Tisch, und auf meinem Tisch standen viele kleine, blecherne Schüsseln, Schalen, Teller, Hefen, die ich hin und herschob bis zu den bunten Kugeln hin und wieder zurück. Es war eine mühselig ernste Beschäftigung, denn man verstand es ja noch nicht, Entfernungen zu bemessen, die Länge der eigenen Arme einzuschätzen und die Finger richtig zu bewegen, um die Gegenstände damit sicher festzuhalten. Als ich das immer wieder ausprobierte, kam einmal das Wesen und kniete sich neben meinen Tisch, so daß es nur mehr ein halber Riese war und es wurde immer kleiner und niedriger, so oft es sich bücken mußte, um die Blechgeschirre aufzuheben, die ich eins nach dem andern, auf den Boden warf. Die Schüsseln, die Schalen,

die Teller, die Hefen, eins nach dem andern fielen mit hellem, blechernem Klang zu Boden, das Wesen bückte sich, hob sie auf und legte sie mit seinen großen, weißen Händen auf meinen Tisch zurück. Es war eine ununterbrochene Folge von Fallen, Bücken, Heben und Geben, und plötzlich unterbrach ich diesen Kreislauf, indem ich mit beiden Händen und Armen alles Geschirr vom Tisch auf den Boden fegte. Als sich nun das Wesen tief und lange bücken mußte, um alles aufzusammeln, schien es mir, als sei es mitgefallen und eins geworden mit all dem Blech auf dem Boden, und ich schrie vor Freude und schrie immer wieder voller Lust: »Alle Hefi nunerfallen, Ndidi auch nunerfallen ...« Was ich damit gemeint hätte, fragte er mich später immer wieder. Ich wüßte es nicht, sagte ich und ich hätte vergessen, was das mit dem Ndidi gewesen sei.

Nun hatten zu dieser Zeit die Erwachsenen viele Geheimnisse vor den Kindern, und die Kinder steckten voller Geheimnisse, die sie niemals aussprechen wollten in Gegenwart von Erwachsenen. Daher war es mitunter sehr schwer zu unterscheiden, ob man wirklich etwas vergessen hatte oder es einfach nicht preisgeben wollte.

Mit diesem unscheinbaren Satz mußte es aber eine besondere Bewandtnis gehabt haben, ich konnte mich an die Blechgeschirre und auch der Worte erinnern, und es quälte mich, den Sinn vergessen zu haben, als sei mir der Schlüssel zu einem Zauberformelbuch ins Wasser gefallen. Viel später, ich war wohl schon zwei oder drei Jahre zur Schule gegangen, hatte ich ein merkwürdiges Erlebnis.

Wir hatten im Wald Verstecken gespielt, er und ich, und nun lag er auf der Wiese und schlief. Es war eine weite Wiese mit hohem Gras. Ich ging eine Weile umher auf der Wiese, dann fühlte ich mich müde und einsam und schlich mich an den Schlafenden heran. Ich kniete mich hin, ihm zu Häupten und beugte mich über sein Gesicht. Ich sah sein Gesicht, aber da war nichts mehr, was mir vertraut war und ich sah mit Beklemmung und Neugier in ein verkehrtes Gesicht. Sein Kinn hatte sich in eine spitze Stirn verwandelt ohne Haaransatz, sein Mund zog sich wie eine klaffende Narbe durch die Stirnhaut, sein schwarzer Schnurrbart verdeckte als buschige Brauen die unsichtbaren Augen, die Nase, oben breit und unten schmal, schnitt in den Mund

ein, der aus den geschlossenen Augen gebildet, aussah, als
wären die beiden Mundwinkel durch große, bräunliche
Steinmurmeln, die in ihnen staken, gewaltsam offen gehalten. Darunter breitete sich die Stirn als Kinn, von einem
schwarzen, kurzen Bart umrahmt, unmäßig aus.
Sein Gesicht war in dem entstellten Gesicht noch zu erkennen, aber es war aus aller Form und allen Maßen geraten, es war ein Gebilde aus einer Welt, in der Himmel
und Erde, Land und Wasser noch nicht geschieden waren.
Und in diesem Gesicht sah ich plötzlich wie eine Spiegelung:
den Raum, die Lampe, den Klapptisch, ich hörte das Klirren
der Blechgeschirre, ich spürte das Fallen des Geschirrs, das
Bücken und Heben des Wesens neben mir – und in diesem
Augenblick wußte ich, daß vor langer, langer Zeit Ndidi
mein Riese gewesen war, das erste Wesen, dem ich einen
Namen gegeben hatte.
Ich legte mich ins Gras neben meinen schlafenden Riesen,
schob meine Füße ganz dicht an seine Schuhe heran, streckte
mich, so sehr ich nur konnte in die Länge und fand, daß
ich bis über seine Hüften lang geworden und meinem Riesen
nachgewachsen war, denn je mehr man selbst wuchs, desto
kleiner schienen die Riesen um einen zu werden.
Ich zupfte ihn am Ärmel: »Ndidi«, sagte ich, »jetzt weiß
ichs.«
»Was weißt du?« fragte er verschlafen.
»Ach nichts«, antwortete ich, »ich habs schon wieder vergessen.«

Ndidi war immer da.
Von Luise konnte ich hören, daß er lang, lang vor ihrer
Zeit schon da gewesen war. Und Luise war schon sehr lang
in unserm Hause.
Luise war unsre Köchin, sie wußte alles, sie wußte von
weitem, was aus einem Fleisch beim Braten, Kochen oder
Backen werden würde, sie durchschaute Gänse auf ihre
innere Leber, sie sah – und wenn die Schale noch so glatt
war – von außen den Wurm im Obst, sie schob riesige,
leuchtende Salatköpfe achtlos beiseite, holte einen kleinen,
unscheinbaren vom Tisch der Gemüsehändlerin und sagte:
»Das ist ein guter.« Sie wußte, was gut und richtig und wahr
war und wenn sie Geschichten erzählte, so war es immer die

Wahrheit selber, und man mußte am Ende nie fragen: »Ist das auch wahr?« Man wäre garnicht auf den Gedanken gekommen zu fragen: »Ist das auch wahr?«
Ndidi muß immer da gewesen sein, und seit ich richtig sprechen konnte, nannte ich ihn Onki, und Luise nannte ihn Herr. Er war kein Onkel von mir und kein Verwandter, er war mein Pate und hatte mich übers Taufbecken gehalten, als ich mit Wasser besprizt worden war.
Meine Mutter und ich wohnten im Haus Nummer acht, und er wohnte im Haus Nummer eins in derselben Straße, aber seit ich denken und sprechen konnte, war er nie mehr bei uns zu Besuch gewesen.
Einmal hatte ich Luise gefragt: »Warum geh ich ihn so oft besuchen, Luise, warum kommt der Onki nie zu uns?«
»Kinder brauchen nicht alles wissen«, hatte Luise gesagt, und das war ein Schlüsselsatz, mit dem die schwersten Schlösser verschlossen wurden, die an den Türen zu den Geheimniskammern hingen.
Da war die Hauptgeschichte von ihm.
Ich fing selten davon an und nur an Abenden, wenn meine Mutter auf Reisen war, das Stubenmädchen Ausgang hatte, das jeweilige Fräulein beurlaubt war und ich ganz allein mit Luise in der Küche sitzen durfte. »Luise, wann hab ich meinen Onki zum ersten Male gesehen?« Dann pflegte Luise sich auf einen der harten Küchenstühle zu setzen, und ich setzte mich auf einen niedrigen Schemel, und dann sagte Luise: »Also paß auf, das ist so: Der Herr hat dich kennengelernt, wie du zwei Stunden alt warst. Das war am Gründonnerstag, und die Mama hat sich sehr beeilt, damit dein Geburtstag nicht auf den Karfreitag kommt, weil man nicht gern an einem Todestag geboren wird.«
»Am Karfreitag ist Fisch«, pflegte ich sie zu unterbrechen, »und am Gründonnerstag ist Spinat und beides mag ich nicht.«
»Fisch ist gesund und Spinat ist gesund«, sagte Luise, »und zu die Ostern geboren werden, ist ein großes Glück, weil der Geburtstag dann oft in die Osterferien ist und immer im Frühling, wo man die vielen, schönen Blumen kriegt. Du warst weiß und lang und hast rabenschwarze Haare gehabt, und die Mama hat gesagt: »Wie komm ich zu so einem rabenschwarzen Kind?« Deine Augen waren ganz blau und

hernach sind sie grau geworden, und die Haare waren schwarz und die sind jetzt blond geworden, aber noch immer nicht so schön blond wie die von der Mama, und du bist gewachsen und wirst noch wachsen, wenn du brav ißt, aber deine Nasen ist nicht gewachsen und ist klein geblieben.«
An dieser Stelle der Geschichte wurde ich zornig und schrie: »Ich will eine große Nase haben«, und stampfte mit dem Fuß.
»Wenn du zornig bist«, sagte Luise, »dann erzähl ich nicht weiter und erzähle dir nichts von die Windeln.«
»Ich bin wieder gut«, sagte ich.
»Also da waren die Windeln«, fuhr Luise fort, »und da war die dumme Kathi, die Kinderfrau, und faul war sie und hat die Windeln nicht oft genug gewechselt, wenn die Mama fort war. Und da ist einmal der Herr gekommen, wie die Mama nicht zuhaus war, und da hat er dich weinen gehört und da ist er ins Kinderzimmer gegangen und dann hat er dich aus dem Bett genommen und hat dich auf die Wickelkommode getragen und hat dich ganz ausgepackt und hat dich in saubre Windeln gelegt. Und dann ist die Kathi hereingekommen und hat gesagt: ›Aber Herr Doktor, was tun denn da der Herr Doktor?‹ Und dann hat der Herr gesagt: ›Ihre Arbeit, Sie Schwein.‹ Dann hat die Kathi gekündigt, und die Fanny ist gekommen.«
»War die auch ein Schwein?« fragte ich.
»Nein die war kein Schwein«, sagte Luise, »die war brav.«
»Hat er sich nicht gegraust?« fragte ich.
»Nein, er hat sich nicht gegraust«, sagte Luise, und das war der letzte Satz in der Geschichte.

II   Das Puppenhaus

Mit einzigen Kindern hat es eine besondere Bewandtnis.
Es geht nicht so sehr darum, daß man als einziges Kind seine Unersetzlichkeit spürt und sich als Mittelpunkt fühlt, es geht auch nicht um den scheinbaren Vorteil, nichts teilen zu müssen und alles für sich allein zu haben. Es geht darum, daß man ganz auf sich selbst gestellt ist und von früh

auf die Fähigkeit entwickeln muß, mit sich selbst zu leben.

Merkt man schon Erstgeborenen an, daß sie einstmals längere oder kürzere Zeit allein gewesen waren, so schafft das ständige Mit-sich-selbst-Sein einen eigenartigen Zustand, der auf das ganze weitere Leben eine kräftigende oder schwächende Wirkung haben mag.

Man war umgeben von seinesgleichen, den Kindern. Man saß mit ihnen in der Schule, man spielte mit ihnen im Park, man lud sie ein und wurde von ihnen eingeladen, sie waren Freunde oder Feinde.

Aber abends, wenn man schlafen ging, waren sie nicht da und morgens, wenn man aufwachte, waren sie nicht da, sie gehörten nicht zu einem, man konnte sie vergessen.

Die Wesen, mit denen man lebte, waren die Dinge, und die Dinge formten die Wirklichkeit, in der man lebte.

Als einziges Kind wird man mit Geschenken überschüttet.

Die Erwachsenen wollen ihr Mitgefühl mit einem geschwisterlosen Kind in Geschenken ausdrücken, die der Langeweile und Einsamkeit abhelfen sollen, überdies sammelt sich das Geschenkgeld, das für kinderreiche Familien auf viele Köpfe berechnet werden muß, auf den Kopf des einen Kindes, wodurch die Geschenke auch qualitativ viel ansehnlicher werden.

Es war schwer, die Menge der hereinströmenden Dinge zu ordnen und unterzubringen, manchmal kam es dabei zu herzzerbrechenden Entscheidungen, von welchem Spielzeug man sich trennen mußte, um neuem Platz zu machen. Das alte Geliebte verschwand auf dem Dachboden.

Das Fräulein pflegte zu sagen: »Siehst du, das kommt davon, du bist zu verwöhnt, du hast zuviel Spielzeug.« Wenn ich dann bitterlich weinte, sagte Luise: »Nicht weinen wegen der Katz und dem Wurschtel, also die hast du schon gehabt, wie du ganz klein warst, und jetzt bist du groß, hast die vielen Puppen, Steinbaukasten, Eisenbahn, Puppenzimmer, Ringelspiel, Küche, großen Herd und weiß was noch – – garnicht schön aufpassen kannst du auf soviel auf einmal! Also ich hab die Katz und den Wurschtel schön weich in Koffer gelegt zwischen die alten Hüt von der Mama und gut eingekampfert, damit ihnen nichts passieren könnt. Und wann die große Räumerei ist, im Herbst, gehst du auf den

Boden mit uns, tust sie auspacken, spielst ein bissel mit ihnen und dann leg ich sie wieder hin und dann schlafen sie bis zur nächsten Frühjahrsräumerei.«
Wenn sie das sagte, die Luise, dann stellte ich mir den Dachboden vor, mit den vielen Kammern, die mit Nummern bezeichnet, den einzelnen Hausparteien gehörten und durch deren Lattenwände man das Innere der Kammern erspähen konnte. Der Staubdunst, der Geruch von Kampfer, Leder und Holz, die schweren, eisernen Schlösser, durch die die wochenlang verschlossenen Türen geöffnet werden konnten, das Wiederfinden des Verborgenen und Versteckten – sie waren himmelsähnlich, diese Dachböden und wie oft habe ich mir gewünscht, den Sommerschlaf und den Winterschlaf zu schlafen mit Katze und Wurschtel in den Hüten meiner Mutter.
Aber einmal geschah es, daß ich Dinge selbst in die Dachkammer trug und zusah, wie Luise sie in einen großen Koffer versperrte.
Das waren meine zwei Puppenzimmer, schön gefaltet, in zwei großen Schachteln zusammengelegt und dazu eine Puppenküche, leer, ausgeräumt.
Unten aber in meinem Zimmer stand das neue, herrliche Puppenhaus.
Mama hatte darauf bestanden, daß Onki mir das Puppenhaus uneingerichtet schenken müsse, damit ich es nach und nach selbst einrichten könnte.
Als ich es am Weihnachtsabend untersuchte, fand ich unter der Stiege ein weißes, kleines Eisbärenfell und eine goldene Standuhr, die mein Onki in das leere Haus eingeschmuggelt hatte.
Noch am selben Abend begann die Übersiedlung der Möbel aus den zwei Puppenzimmern und der Puppenküche in die Räume des großen Puppenhauses. Der Umzug dauerte tagelang und hätte noch viel länger gedauert, wäre Awdotja nicht so tüchtig gewesen.
Awdotja war die älteste Tochter der Familie, ein Mädchen von zwölf Jahren. Sie war vier Zentimeter groß, hatte lange, blonde Zöpfe und blaue Augen. Man rief sie bei dem schönen Namen Awdotja, und ich erfuhr erst viel später, daß dies ein gewöhnlicher russischer Name war. Ihre Abstammung war ungewiß. Manchmal hieß es, ihre Eltern wären

russische Fürsten gewesen, dann aber wieder schien es sicher zu sein, daß sie einfach das richtige Kind ihrer Eltern war. Sie war sehr tüchtig, führte den Haushalt, kümmerte sich um die Geschwister und war eine vorzügliche Pflegerin, wenn das Haus von Seuchen befallen wurde. Das Elternpaar, Besitzer des Hauses, trat wenig in Erscheinung.
Die Dame des Hauses litt an Migräne, lag viel auf einer grünen Chaiselongue in ihrem Schlafzimmer und las Bücher. Sie war oft verreist und lebte winters in Meran oder in Ägypten.
Der Vater war fast immer auf der Jagd und kam meistens nur dann nach Hause, wenn er ins Bein geschossen worden war oder sich selbst aus Versehen verletzt hatte und von Awdotja gepflegt werden mußte. Kaum gesundet, verließ er wieder das Haus, um in Feldern und Wäldern zu jagen, nicht ohne eines seiner Gewehre zu Hause zu lassen zum Schutze der Familie. Mit einer dieser goldenen Büchsen lag Awdotja manchmal nachts am Fenster und schoß – ohne die Familie aufzuwecken – auf herannahende Einbrecher.
Awdotja hatte vier Geschwister, einen Bruder von zehn Jahren, den Awdotja in blaue Seide kleidete und dem sie täglich die blonden Locken bürstete. Er war schön und sanft, konnte schreiben und lesen, ohne je in die Schule gegangen zu sein, und spielte nie mit anderen Kindern.
Dann gab es ein Zwillingsbrüderpaar von acht Jahren, sie waren immer schlimm, hatten stets Tintenflecken und Wagenschmiere auf den Anzügen und mußten auf einige Zeit wegen eines kleinen Hausbrandes, den sie verursacht hatten, ins Internat geschickt werden.
Die jüngste Schwester lag in einer goldenen Wiege, bedeckt von kronenbesticktem, schwerem Brokat, gehüllt in gelbliche Spitzen, betreut von der englischen Nurse.
Die Geschwister, mit Ausnahme von Awdotja, durften das Kind niemals sehen, es war kränklich und doch hörten sie es niemals weinen.
Viel später, als das Puppenhaus schon lange bewohnt war, wurde noch ein Kind geboren. Es schlüpfte unter dem Rock der Mutter hervor, war ein dicker Celluloidknabe, konnte in richtigem Wasser gebadet werden und wurde bald von dem bleichen Säugling getrennt und zu den Zwillingen gesteckt.

Die Ereignisse im Puppenhaus hatten ihr Gleichmaß, die Katastrophen, die über das Puppenhaus hereinbrachen, waren wohlgeordnet.
Es wurde manchmal von Erdbeben erschüttert, oft vom Blitz getroffen, der beim Fenster hereinsauste, um Nähmaschine und Klavier zischte und beim Ofenrohr wieder hinausflitschte. Ganz selten gab es Vulkanausbrüche, deren Lava aus Zeitungspapierfetzchen bestand, die unser Stubenmädchen am nächsten Tag unwillig aufsammelte. Hochwasser war verboten, weil Wände und Boden des Hauses nicht beschädigt werden durften.
In gewissen Abständen wurden die Bewohner des Hauses von Masern, Scharlach, Cholera und Pest befallen, das ganze Haus verwandelte sich dann in ein Spital, dessen Oberin die englische Nurse war. Ihrer Gehilfin, Awdotja in Schwesterntracht, gelang es, fast alle gesund zu pflegen. Nur manchmal starb ein Stummer und wurde mit großem Gepränge begraben.
Die Stummen waren eine merkwürdige Erscheinung unter meinen Dingen.
Wenn die Dinge zu mir kamen, wußte ich nach kurzer Zeit: wie, wer und was sie waren, und dann behielten sie ihre Art und Weise bei bis in alle Ewigkeit. Man kam nicht auf den Gedanken, daß man ihre Art und Weise, ihr Tun selbst erfand und bestimmte, man hörte im Weinen und Lachen, Schreien, Singen und Sprechen der Puppen, im Brummen des Bären, im Bellen der Hunde, im Miauen der Katzen nicht seine eigene, verstellte Stimme, sie waren Geschöpfe mit eigenen Handlungen und Taten, Wesen, die einem näher und weniger fremd waren als die Erwachsenen und die Kinder.
Zu diesen Wesen gehörten auch die Stummen.
Das waren die Pferde vor dem Puppenwagen, die auf Holzplatten aufgenagelt waren und darum nicht wiehern konnten. Dazu gehörten Kutscher und Lakai, die unabbiegbar auf dem Bock saßen und kein Wort sprechen konnten, die auf Nadeln sitzenden Passagiere in der Eisenbahn und der stehende Lokomotivführer. Unter den Lehrern gab es einen aufrechten Lehrer, den man nicht zum Sitzen abbiegen konnte, auch er war auf einem Brett festgenagelt und konnte bestenfalls die Spitze seines Stabes auf einen geographischen

Punkt auf der Landkarte richten. Auch er gehörte zu den Stummen, nicht aber die Schachfiguren, Postkarten, Wesen aus Holz, Papier, Porzellan, Glas, Gold und Silber, die sich bewegen konnten und nicht wie die Stummen Tag und Nacht in ihrer Stellung gefangen blieben.
Die Stummen konnten durch ihre Starrheit nicht an jenem Schlaf teilnehmen, der sich oft, kurz aber dornröschenhaft tief über alle meine Puppen und Tiere senkte. Die Stummen blieben starr und stumm und ohne Schlaf.
Darum konnten sie sich auch an einem der aufregendsten Geschehnisse im Haus nicht beteiligen, das Schreien, Heulen und Zähneklappern erforderte. Das war der ›Große Schrecken‹, und der große Schrecken entstand einmal durch die Schlangen und das andere Mal durch den Tiger.
Die Schlangen wurden von meinen Mehlwürmern dargestellt, die ich für meinen Frosch und die Eidechsen in einer alten Teekanne züchtete. Ich setzte die Mehlwürmer in der Puppenküche aus und bald hatten sie sich übers ganze Haus verbreitet. Die Kinder weinten, die Erwachsenen schrien, die Dame des Hauses fiel in Ohnmacht, Köchin und Stubenmädchen kreischten, die englische Nurse stand mit dem Säugling auf dem Speisezimmertisch. Niemand wußte sich zu helfen, bis es Awdotja gelang, aus dem Hause zu entwischen, eine Leiter zu holen, sie an den Balkon anzulegen und alle Hausbewohner über die Leiter sicher ins Freie zu bringen.
Das Haus wurde den Kobras und den Pythons überlassen.
Einmal geschah es, daß ich nach dem Spiel die Mehlwürmer nicht sorgfältig eingesammelt hatte und zwei Kobras den Weg ins Bett der Mama zu ihrer Fußsohle fanden. Sie schrie viel lauter als alle Einwohner des Puppenhauses, und die Wiederholung des Schlangenspieles war gefährdet. Viel gräßlicher jedoch als die Schlangen war das Erscheinen des Tigers.
Ich ließ meinen Frosch durch die Haustüre des Puppenhauses hinein und beobachtete seine Sprünge auf der Stiege und in den Zimmern durch die Fensterscheiben.
Die Angst, die mein Frosch, der bengalische Tiger, verbreitete, war ungeheuer.
Ich selbst zitterte an allen Gliedern, obwohl es ihm niemals gelang, ein Kind zu rauben oder auch nur anzubeißen.

Er war der allergrößte Schrecken und die einzige Gefahr, der Awdotja nicht mit gewohnter Ruhe begegnen konnte. Sie ergriff die Flucht, ließ Geschwister und Eltern im Stich und verkroch sich schlotternd hinterm Ofen, wenn sie sein Brüllen aus der Ferne hörte.
Endlich holte ich meinen Frosch aus dem Haus, tat ihn in sein Glas zurück und nahm dann Awdotja in die Hand, streichelte sie und verzieh der immer Tapferen ihre Feigheit und hatte es gern, daß es etwas gab, wovor sie sich fürchtete.

Weihnachten und Ostern wurden im Puppenhaus festlich gefeiert, das Schönste aber aller Feste war Kaisers Geburtstag.
Kaisers Geburtstag mußte auf ein anderes Datum verlegt werden, denn am achtzehnten August war ich weit weg von meinem Puppenhaus auf dem Land, manchmal in Ischl, der Sommerresidenz des Kaisers.
So wurde denn im Frühling und im Herbst Kaisers Geburtstag mit Pomp und Gepränge gefeiert.
Die Puppenhausbewohner wohnten zur Zeit des Festes in ihrem Landhaus. Sie waren mit Sack und Pack aus ihrem Stadthaus aufs Land übersiedelt, sie waren sehr weit mit der Eisenbahn gefahren und wurden an der Station von einem riesigen Landauer abgeholt und zu ihrem Landhaus gebracht. Das Landhaus war wieder das Puppenhaus, aber in völlig verändertem Zustand.
Alle Möbel waren daraus entfernt, Personal und Herrschaft schliefen auf Strohsäcken im selben Raum, das Speisezimmer hatte sich in einen Stall mit Kühen, Schafen und Schweinen verwandelt, in der Küche stand ein langer Tisch aus rohem Holz, und die Speisen standen in Holzschüsseln auf dem Tisch. Man saß auf langen Bänken, aß gemeinsam aus den Schüsseln, stopfte sich Schmarrn und Geselchtes mit den Fingern in den Mund, und alles war ländlich wie beim Heidi auf der Alm.
An dem Tag des Kaiserfestes holte ich meinen Alpengarten vom Fenstertisch und stellte ihn neben das Puppenhaus. Der Alpengarten bestand aus einer Felsenlandschaft mit Kieswegen, grüngemalten Wiesen und einem blauen Bergsee, Papierbäumen und Büschen, und dazwischen waren

kleine Blumentöpfe mit echten Blumen, die nach den Jahreszeiten ausgewechselt wurden.

In meinem Zimmer gab es eine Kommode mit Aufsatz, auf dem sich unzählige Nippessachen angesammelt hatten, die von größter Bedeutung für mich waren.

Niemand durfte einen Gegenstand auf dieser Etagere berühren, und ich selbst staubte die Dinge ab.

Aber an Kaisers Geburtstag ließ ich sie von der Etagere hinunterspringen und stellte und legte sie in den Alpengarten oder vors Haus –

Da waren sie alle: die Meranerin, der Bosniak, die csardastanzenden Ungarn, der flötenblasende Hirtenknabe, die ballspielende Katze aus Kopenhagen, der Osterhase auf seinem Korb voll goldener Eier, das Aschenbrödel mit Tauben unter der Lampe, das Liebespaar auf der Bank, die Tänzerin, die die ganze Spannweite ihres Rockes brauchte, um ihr Bein zu schwingen.

Die Vorbereitungen zu Kaisers Geburtstag waren kaum zu bewältigen.

Die Tiroler Almhütte mit dem Butterfaß beim Kachelofen und dem Hochgebirge im Fenster wurden von der Wand geholt und neben dem Alpengarten aufgestellt.

Aus dem Ankersteinbaukasten nahm ich die Steine und Brücken und Säulen und baute Türme und Burgen, die durch die Brücken verbunden waren und auf denen die Schulkinder herbeiwanderten. Die Schulen wurden durch Schachfiguren dargestellt, die weißen Bauern waren die Mädchen, die schwarzen die Knaben, der schwarze König war der Schuldirektor, die weiße Dame seine Frau. Rechts und links neben den Reihen der Schulkinder standen die Türme und Läufer als Lehrer, während die Pferde als Schuldiener hinterher trotteten.

Nun wurde die Eisenbahn aufgebaut und der rote Teppich gelegt, vom Stationshaus bis zu den Schienen. Der rote Teppich stammte aus dem Speisezimmer des städtischen Puppenhauses.

Hinter dem Stationsgebäude wartete der Wagen. An diesem Tag waren die Speichen der Räder und das zurückgeschlagene Verdeck mit Blumen geschmückt, er sah aus wie ein Fiaker auf der Nobelfirmung, es war offensichtlich, daß er einem hohen Zwecke zu dienen hatte.

Die schwarzgelben Fahnen wehten von allen Gebäuden, Burgen und Brücken, meine unzähligen Stummen standen erwartungsvoll da in großer Menge. Die Puppenhausfamilie war vollzählig auf der Station versammelt.
Awdotja stand Hand in Hand mit ihrem Bruder ganz nahe dem roten Teppich. Sie trug ein weißes Batistkleid mit rosa Schärpe und hatte den linken Fuß vorgeschoben, bereit, den rechten zum Hofknix abzubiegen.
Jetzt sah man in weiter Entfernung die Eisenbahn langsam den Schienen entlang klettern, denn es war selbst für die große, starke Lokomotive nicht leicht, die Hochgebirgssteigungen zu bewältigen, die ich durch unter die Schienen gelegte Bücher geschaffen hatte.
Endlich ertönte ein schriller Pfiff, und der Zug hielt.
Es kam der letzte Augenblick des Wartens.
Der Stationsvorsteher stand starr und stumm vor dem mittleren Wagen des Zuges.
Und dann stieg er aus: der Kaiser!
Während sich die ganze Puppenfamilie aufs tiefste abbog, blieb der Kaiser auf dem roten Teppich stehen und wandte sich dann langsam um. Ich spürte, wie Awdotja das Herz bis zum Halse klopfte: denn nun entstieg dem Waggon die Kaiserin.
Ich muß an dieser Stelle der Begebenheiten hinzufügen: ich wußte wohl, daß die Kaiserin schon vor meiner Geburt ermordet worden war, aber ich konnte es einfach nicht ertragen, sie an Kaisers Geburtstag nicht dabei zu haben. Sie war schöner als alle Prinzessinnen aus dem Märchen, und ich wollte sie an diesem Tag nicht missen. Ich besaß das Kaiserpaar nicht in Figuren, und so standen sie nun beide auf dem roten Teppich in Form von Postkarten: der Kaiser im Jagdkostüm, die Kaiserin in einem diamantenbesetzten Krinolinenkleid.
Das Kaiserpaar neigte sich grüßend hin und zurück, und die Puppenhausfamilie sang mit schallender Stimme: Gott erhalte, Gott beschütze unsern Kaiser, unser Land ... Und dann, leiser, die sonst ungesungene Strophe:

>An des Kaisers Seite waltet,
>Ihm verwandt durch Stamm und Sinn
>Reich an Reiz, der nie veraltet,
>Unsre holde Kaiserin.

Das Kaiserpaar stieg in den Wagen, und der Wagen rollte zum Puppenhaus. Und als der Wagen beim Puppenhaus hielt, da setzte erst der volle Jubel ein: die Tänzerin drehte sich, der Bosniak nickte mit dem Kopf, die Ungarn tanzten, die Meranerin jodelte, der Hirte blies die Flöte, und ich drehte die Spieldose, und sie spielte:

>Hänschen klein, ging allein
>in die weite Welt hinein.

III Madeleine

Da war ein Haus in einem großen Garten. Um den Garten war eine hohe Mauer. Man konnte von der Straße aus nicht in die Fenster des Hauses sehen. Das Haus hatte Türmchen und Erker und hölzerne Balkons. Hohe alte Bäume standen im Garten. Das war das Haus der Lagardes.
Ich freute mich, wenn Onki sagte, wir müßten wieder einmal die Lagardes besuchen.
Die Lagardes waren eine der vielen Familien, die wir besuchten, und zwar gehörten sie zu jenen, die an Sonntagnachmittagen besucht wurden. Auf den Vormittag fielen die Besuche bei den Langweiligen, den Kinderlosen und den Spielzeuglosen.
Onki war Advokat und er pflegte viele seiner Klienten auch dann noch zu besuchen, wenn der Prozeß längst entschieden war.
Jeden zweiten Sonntag durfte ich mit meinem Onki auf die Besuchstour gehen. Als ich noch unverständig war und die Worte Klienten und Patienten nicht unterscheiden konnte, meinte ich, Onki sei Arzt, auch wenn er keine Medizintasche bei sich trug.
Die Leute, die wir besuchten, gebärdeten sich manchmal recht sonderbar und bestätigten meinen Eindruck, daß es sich um Kranke handeln müsse.
Da war eine junge Frau, die pflegte sich meinem Onki weinend an die Brust zu werfen oder sie kniete vor ihm auf dem Boden, umschlang seine Füße und schrie: »Geben Sie mir mein Kind wieder. Ich will mein Kind

haben!« Hatte mein Onki dann »Geduld, Geduld« gesagt, »Sie dürfen die Hoffnung nicht aufgeben«, und sie sanft gezwungen, sich auf einen Stuhl zu setzen, versuchte sie, mich trotz meines Widerstandes auf den Schoß zu nehmen, an sich zu pressen, zu küssen und mir Bonbons in den Mund zu schieben, die ich nicht leiden mochte.

Da war eine andere Frau, eine Stille in dunklem Kleid, die hatte ihren Mann verloren. Er war eines Tages fortgegangen und nie mehr wiedergekommen, aber Onki meinte, er würde eines Tages wiederkommen und dann für immer zu Hause bleiben.

Da war ein rabiater alter Herr, der drohte Onki hinauszuwerfen, wenn Onki noch einmal versuchen würde, den Namen seiner Tochter zu erwähnen. »Keinen Heller kriegt sie und der Haderlump!« schrie der Alte, und »Gott wird Sie strafen«, donnerte mein Onki zurück, und dann liefen mein Onki und ich mit roten Köpfen die Steintreppen hinunter zur mächtigen Haustür. Die warf mein Onki dröhnend zu.

Der Alte war einer jener Klienten, bei denen ich auf die rechten Mittel sann, ihn heimlich umzubringen, denn wer meinen Onki ärgerte, den wollte ich umbringen, wegschaffen, weghaben.

Da war ein altes verhutzeltes Fräulein, die ganz in Spitzen gehüllt auf einer Chaiselongue lag. Zu ihren Füßen saß auf einem Sandkissen ein böser, knurrender Mops, und auf dem runden Marmortisch neben der Chaiselongue häuften sich Papiere.

»Ich kann nicht sterben«, jammerte sie, »solange nicht alles in Ordnung ist. Helfen Sie mir doch«, wimmerte sie, und immer wieder sah ich mit Schaudern, wie sie nach Onkis Hand griff, wie die Spitzenmanschetten ihrer Ärmel seine Hand wie ein Gitter umschlossen. Onki sprach freundlich mit ihr, und ich stand in der Ecke und wartete und wartete und wartete. Ich hörte die große Standuhr dröhnend ticken und sah das schwere Pendel hin- und herschwingen und rechtzeitig umkehren, bevor es das Gehäuse zerschmettern konnte.

Das unverständliche, murmelnde Gespräch und das furchtbare Warten, die Angst davor, daß man das ganze Leben hier stehen könnte und warten und daß das Gespräch nie, nie zu Ende gehen würde, verursachten es, daß ich mich jedesmal unziemlich benahm, sobald wir wieder auf der Straße waren. »Ich mag nicht mehr«, schrie ich dann, »ich will nicht mehr zu ihr, ich mag sie nicht, ich fürchte mich vor ihrem Mops.« Onki sagte nicht: »Schweig«, Onki sagte nicht: »So etwas haben Kinder nicht zu sagen«, Onki erzählte.

Onki erzählte von dem alten Fräulein, das einstmals eine schöne, junge Tänzerin gewesen war, er erzählte von dem reichen, jungen Mann, den es geliebt hatte. »Er ist vom Pferde gestürzt«, erzählte Onki, »und starb an dem Tage, an dem sie Hochzeit halten sollten. Sie bekam sein ganzes Geld, aber sie hat nie mehr geheiratet.«

»Sind die Spitzen, die sie anhat, von ihrem Hochzeitskleid?« fragte ich dann.

»Alle Spitzen, die Fräulein Susanne trägt, sind echt und kostbar«, sagte Onki, und wenn er das sagte, verwandelte sich das alte Fräulein Susanne vor meinen Augen in ein junges, schönes Fräulein, angetan mit einem silbernen Spitzenbrautkleid, spielend mit einer herrlichen, kalbgroßen Dogge. Ach, wie traurig war ich, wenn ich beim nächsten Besuch wieder die verhutzelte Alte und den aus der Dogge zusammengeschrumpften Mops vorfand und wartend neben der bösen, alten Uhr stehen mußte.

Bei den Lagardes war es nicht heimlich, aber die Unheimlichkeit war mit Schauern der Freude verbunden.

Das Haus der Lagardes stand in einem Villenvorort, eine Viertelstunde von der Endstation entfernt.

Jedesmal, wenn ich Hand in Hand mit meinem Onki von der Endstation bis zu dem Haus gehen mußte, fragte ich ihn, warum wir denn gehen müßten, warum denn die Elektrische nicht bis vors Haus führe. Weil eben vorher die Endstation sei, erklärte er, weil es dort zu Ende sei mit den Schienen und die Elektrische umdrehen müsse. Warum sie umdrehen müsse, wollte ich wissen, und er sagte, die Pferdewagen, die könnten immer weiter fahren, aber die Elektrischen müßten umdrehen, weil sie nur in den Geleisen fahren könnten.

Wenn man dem Haus nahkam, roch es nach Steinmauer, Efeu, Bäumen und Rasen. »Warum haben sie keine Blu-

men?« fragte ich, um immer wieder dieselbe Antwort zu hören.
»Die Bäume sind zu hoch«, sagte er, »und Madame Madeleine will keinen einzigen fällen lassen. In dem Schatten der Bäume und auf den Baumwurzeln gedeihen keine Gartenblumen.«
Nun standen wir vor einer schweren, metallenen Türe in der Steinmauer, die sich lautlos öffnete, kurz nachdem Onki auf einen kleinen elfenbeinernen Knopf gedrückt hatte. Selbst Onki konnte keine genaue Auskunft geben, auf welche Weise uns der Diener vom Hause aus durch die Steinmauer hindurch sehen, erkennen und die Tür für uns zu öffnen vermochte, ohne sich einen Schritt aus dem Hause zu rühren. Es hätte etwas mit Spiegeln zu tun, meinte Onki, und die Türe würde mechanisch geöffnet.
Von der Metalltüre, die hinter uns ins Schloß fiel, bis zum Haus waren es nur wenige Schritte. Die Haustüre war halb geöffnet, der Diener hielt die Klinke in der Hand. Als er auch die Haustüre hinter uns geschlossen hatte, so daß ein Entkommen ohne seine Einwilligung nicht möglich war, nahm er uns Hüte und Mäntel ab.
Onki übergab ihm seine Visitenkarte. Der Diener wies uns zur Treppe und ging langsam hinter uns drein. Er war alt, gebückt und hinkte ein wenig. »Er ist angeschossen worden«, hatte mir Onki einmal gesagt, »auf einer Jagd in Frankreich.«
Im oberen Stock öffnete der Diener die Flügeltüren zu dem kleinen Empfangszimmer. Im oberen Stock empfangen zu werden, bedeutete, daß wir die einzigen Besucher waren und daß man Tee trinken würde im Salon der Madame Madeleine. Waren mehr Gäste da, so fand das Teetrinken in einem der großen Gesellschaftsräume des Parterre statt. Zwei alte Damen saßen in Fauteuils mit Stickereiarbeiten in ihren Händen. Die eine war mächtig und schwer, die andere war zierlich und klein, und beide hießen sie »ma tante«, beide hatten sie Spitzenhäubchen auf und zu beiden mußte man »Bonjour, ma tante« sagen, weil sie beide nicht deutsch sprechen konnten. Hatte man den Tanten die Hände geküßt, kam Monsieur auf einen zu, verbeugte sich, wie ein Herr sich vor einer Dame verbeugt und sagte: »Gutten Tag, mein kleines Fröllein«. Er war weißhaarig, groß und alt, Onki

hatte mir eingeprägt, ihn nie zu fragen, ob er der Vater der Madame Madeleine sei. Onki sagte, er sei der Mann der Madame Madeleine.
Madame Madeleine saß beim Teetisch und goß Tee in die Tassen, ihre Hände waren beschäftigt, man konnte ihr nicht die Hand küssen. Man konnte nur vor ihr knicksen und ihr einen guten Tag wünschen, wenn man wollte auf deutsch. Sie verstand und sprach deutsch.
Madame Madeleine war jung und schön, sie hatte braune Haare und blaue Augen und ein ganz und gar bleiches Gesicht, keine Spur von roter Farbe auf den Wangen.
Madame Madeleine, Monsieur, die beiden Matantes, ja der ganze Salon, alles und alle dufteten nach Veilchen, obwohl sich keine einzige Blume im Haus befand.
Das war damals und in dem Haus, daß ich mir einzubilden begann, Blumen auf Tapeten und in Teppichen seien dergestalt wirklich, daß man sie zwar nicht pflücken, ihren Wohlgeruch aber deutlich verspüren könne und auf einem reichgeblümten Teppich ebenso achtsam mit den Füßen sein mußte wie auf einer Blumenwiese.
Wenn man Tee getrunken hatte, zierliche petits fours gegessen und sich höchlichst angestrengt hatte, die französischen Fragen, die an einen gestellt wurden, artig und französisch zu beantworten, kam der ersehnte Augenblick. Der Augenblick, in dem Madame Madeleine aufstand, mir winkte, mich an der Hand nahm und sagte: »Allons, ma petite.«
Und dann gingen wir den Gang entlang. Madame Madeleine und ich, an vielen geschlossenen Türen vorbei. Und dann öffnete Madame Madeleine eine der Türen, und dann durchquerten wir ein großes Zimmer. Das war ihr Schlafzimmer. Ihr Schlafzimmer war grün, in Samt und Seide. Daneben war ihr Boudoir, ein kleines Erkerzimmer in rosa Farben mit vielen Fenstern. Wenn ich mich später an dieses Zimmer erinnerte, sah ich es in den Strahlen der hereinbrechenden Nachmittagssonne in allen Farben funkeln und hinter den tiefen, türenartigen Fenstern lag der winterliche Garten.
In einer schattigen Ecke des Zimmers stand ein kleiner, niedriger rosafarbener Seidenfauteuil, und in dem Fauteuil zurückgelehnt saß *sie* und sah mich still und freundlich an.
»Voilà Madeleine«, pflegte Madame Madeleine mit einer

Handbewegung zu sagen, als ob sie zwei Kinder zum Spielen auffordern wollte.
Madeleine hatte die Größe eines dreijährigen Kindes, aber in Wirklichkeit war sie viel älter. Manchmal schien sie älter als ich zu sein, manchmal gleichaltrig, jedenfalls aber war sie schon vor mehr als zwanzig Jahren auf die Welt gekommen, denn Madame Madeleine hatte sie geschenkt bekommen, als sie selbst noch ein kleines Mädchen gewesen war. Madeleines Gesicht war aus Wachs, daher durfte sie auch niemals den Sonnenstrahlen ausgesetzt werden. Sie hatte bleiche Wangen, braune Augen, blonde Locken, ihr Mund war geschlossen.
Madeleine war stolz, schön, schwermütig, still und leidend. Man mußte leise auftreten, wenn man mit Madeleine im Zimmer war, man mußte mit leiser Stimme zu ihr sprechen, man konnte nichts Dummes und Freches in ihrer Gegenwart sagen.
Madeleine hatte die herrlichsten Kleider, vom pelzbesetzten grünen Samtmantel mit Barett bis zum rosa Taftkleid mit Spitzenbesatz und vier Paar hohe Lederstiefeletten in verschiedenen Farben. Madame Madeleine hielt die Garderobe in peinlichster Ordnung, jedes Bändchen war in die Unterwäsche eingezogen, ja sie arbeitete immer wieder an neuen Kleidern, sie strickte kleine Strümpfe, sie stickte die schönsten Taschen und verfertigte die zierlichsten Hals- und Armbänder für sie.
Es kam nur selten vor, daß Madame Madeleine mich allein ließ mit ihrer Puppe. Aber ich durfte ihr helfen, die Kleider umzuziehen, ich durfte die kleine Teetasse bringen und das goldene Besteck, ich sagte für Madeleine französische Gedichte auf, die ich gelernt hatte und ich sang für sie: »Oh la jolie poupée – – e ...«
Einmal geschah es, daß Madame Madeleine abberufen wurde und ich ganz allein blieb mit Madeleine. Da befiel mich eine große Bangigkeit in ihrer Gegenwart, und ich wagte nicht, sie anzusprechen oder gar anzurühren.
Nach einer langen Weile ging ich zur Türe, ohne mich zu verabschieden und lief durchs Schlafzimmer auf den Gang. Ich wollte zurück in den Salon zu meinem Onki.
Aber der Gang war sehr lang und hatte unzählige Türen.
Zwei Türen, die ich öffnete, führten in Schlafzimmer, die wohl die Schlafzimmer der Matantes waren.

Mir wurde immer ängstlicher zumute, und mit großer Ungeduld öffnete ich eine dritte Tür in der Hoffnung, sie würde in den Salon führen.
Ich blieb in der Türe stehen und sah in einen dunklen Raum, in dem ein großes Bett stand. Neben dem Bett war ein Tisch mit einem vielarmigen Kerzenleuchter, dessen Kerzenlichter durch den Luftzug zu flackern begannen.
Ich konnte die Türe nicht zuschlagen, ich konnte mich nicht von der Stelle rühren, ich konnte mich nur fürchten, so fürchterlich fürchten, so abgründig fürchten, wie nur ein Kind sich zu fürchten vermag.
Da hörte ich eine heisere, zittrige Stimme sagen: »Viens mon bébé, viens mon petit garçon.«
Ich mußte der Stimme gehorchen, mich bewegen, mich dem großen Bett nähern.
In dem Bett lag eine alte Frau. Ich hatte einmal eine Tote, in einem gläsernen Sarg, aufgebahrt gesehen und drum war ich gewiß, die Frau im Bett müsse eine Tote sein, auch wenn sie noch sprechen konnte. Sie mußte wohl an die hundert Jahre alt sein. Ihr Totenkopf lag unbeweglich in den Kissen, ihre Knochenhände krochen über die Bettdecke. Auf der Bettdecke lagen eine Kindertrommel, eine kleine Trompete, ein Tschako und ein kleines Gewehr.
»Les joujoux«, wimmerte sie, »voilà les joujoux – mon petit garçon, mon bébé. Joue! Joue!« sagte sie weinerlich und schob mir das Spielzeug zu. »Joue! Joue!« wiederholte sie flehentlich, »joue – – joue . . .«
Und plötzlich wußte ich, was sie von mir verlangte.
Zitternd vor Angst nahm ich den Tschako aus ihren Händen, setzte ihn auf, hängte mir Gewehr, Trommel und Trompete um.
»Joue! Joue!« sagte die Alte befehlend.
Und da fing ich an zu trommeln, und dann setzte ich die Trompete an die Lippen und blies in höchster Not.
Und da stand mit einem Male der Diener in der Türe.
Er hinkte zum Bett, nahm mir behutsam Tschako, Gewehr, Trommel und Trompete ab und verteilte sie auf der Decke.
Er faltete die Hände der alten Frau ineinander und schloß ihr die Augen mit einer sanften Handbewegung. Sie seufzte tief und friedlich.
Er nahm mich bei der Hand, zog mich aus dem Zimmer,

schloß leise die Türe hinter uns zu und humpelte vor mir den Gang entlang. Er sprach kein Wort, legte den Finger an die Lippen, um mir anzudeuten, ich möge schweigen. Dann öffnete er die rechte Türe und ließ mich in den Salon eintreten.
Später erzählte mir Onki einmal, es gäbe bei den Lagardes noch eine ganz alte Frau, die man niemals sehen würde. Sie sei eine Verwandte der Tanten. Sie hätte einen einzigen Sohn gehabt, der sei ihr im Alter von fünf Jahren vom Tod weggeholt worden. Seitdem sei sie nie mehr richtig im Kopf gewesen.
Es mag ungefähr ein Jahr nach dieser Begegnung gewesen sein, als mir bei meinem letzten Besuch im Hause der Lagardes etwas Unbegreifliches widerfuhr.
An jenem Tag war Madame Madeleine früher als üblich vom Teetisch aufgestanden, hatte mich an der Hand genommen und auf dem Weg über den langen Gang spürte ich, daß ihre Hand zitterte.
In ihrem Boudoir auf dem rosa Fauteuil saß Madeleine und war zum Ausgehen angezogen. Ihre behandschuhten Hände steckten in einem weißen Muff, am Arm hing ihr perlenbestickter Pompadour, das schöne Pelzbarett hatte sie auf und den grünen Samtmantel an. Darunter das rote Samtkleid.
Neben dem Fauteuil stand ein Puppenkoffer, halb offen, in den legte Madame Madeleine noch einige Kleider und Unterwäsche, obendrauf die französische Puppenfibel.
Madame Madeleine schloß den Koffer, sah mich lange an, dann sagte sie langsam auf deutsch: »Du nimmst Madeleine zu dir. Du h-ältst sie lieb.« Sie wandte sich zum Fenster um und weinte.
Auf dem Heimweg zur Endstation trug ich die schwere Madeleine auf den Armen, und Onki trug den großen Puppenkoffer. Onki sagte kein Wort, und ich mußte aufpassen, um mit meiner Kostbarkeit nicht hinzufallen.
Als ich mit Madeleine nach Hause kam, konnte Luise sich nicht fassen.
»So eine Puppen hab ich noch nie gesehn!« rief sie aus, »so groß – so schön – die traut man sich garnicht anzugreifen. Achtgeben mußt du – achtgeben, aufpassen, nix wie aufpassen. Ein Glück, daß die Mama verreist ist. Weihnachten

haben wir nicht – würd die Mama sagen, Geburtstag hast du nicht – würd die Mama sagen, und so ein Geschenk!«
Dann packte Luise die Kleider aus und hängte sie auf in meinem Kleiderschrank, Unterwäsche, Strümpfe und Schuhe legte sie sorgfältig in eine große Puppenkommode.
»Ordentlich sein mußt du«, sagte Luise unterm Einräumen, »sehr ordentlich. Mit so einer schönen Puppen kann man sich nicht spielen, da muß man ordentlich sein.«
Sie richtete ihr ein Bett auf dem Diwan. Wir zogen Madeleine vorsichtig aus und legten sie auf den Diwan. Luise deckte sie bis zum Hals zu. »So ein Geschenk«, sagte Luise kopfschüttelnd, »so ein Geschenk!«
Ich aber wußte nicht, ob es ein Geschenk war, ob ich Madeleine für immer behalten durfte. Die Ungewißheit war kaum zu ertragen, aber immer noch besser, als vielleicht erfahren zu müssen, Madeleine sei mir nur geliehen worden.
Madeleine war schon einige Wochen bei mir, als ich endlich den Mut faßte Onki zu fragen, wann wir wieder die Lagardes besuchen würden.
»Wir gehen nicht mehr zu den Lagardes«, sagte Onki. »Madame Madeleine ist abgereist. Sie hat ihren Mann und die Tanten allein gelassen. Sie ist nach Frankreich. Sie wird nie mehr zurückkommen.«

IV Rosa

Mein Zimmer war verändert, seit Madeleine zu mir gekommen war. Sie schlief nun allnächtlich auf dem Diwan, sie lag nachmittags auf dem Diwan, auf dem ich nie liegen durfte, weil die weiße Plüschdecke, mit der er bedeckt war, für immer weiß bleiben sollte. Manchmal saß Madeleine dicht neben mir an meinem Schreibtisch und sah mir zu. Dann unterbrach ich häufig die mühselig schweren Arbeiten, das Rechnen und das Schreiben. Ich sagte ihr Gedichte auf, die ich auswendig zu lernen hatte, ich las ihr meine französischen Lektionen vor. Am glücklichsten aber sah sie drein, wenn ich zu singen begann:
»Sur le pont d'Avignon on y danse tout en rond ...«

Zumeist aber lag Madeleine still da und sah auf die Tapeten, auf denen sich blaue Rosen rankten. Madeleine, die an rosa Samt und grüne Seide gewöhnt gewesen war, mußte sich nun an mein weißblaues Zimmer gewöhnen.
Schon in den ersten Tagen ihres Daseins in meinem Zimmer hatte ich ihr meine Möbel, Puppen und Tiere vorgestellt.
Mein Zimmer war groß und weit, es war viel Platz zwischen dem Tisch in der Mitte und den Möbeln, die an den Wänden standen.
Das Zimmer hatte vier schmale Fenster, und unter den Fenstern waren die Möbel der großen Puppen, das Puppenhaus, der Ankersteinbaukasten, die Eisenbahn untergebracht, und darüber lag, auf einem zierlichen Tischchen, in steter Pracht der Alpengarten.
An der gegenüberliegenden Wand war mein großes, weißes Bett, und hinter seinem geschwungenen, hohen Kopfende ragte, von Zinnen gekrönt, als mächtiger Wachtturm der hellblaue Kachelofen empor.
Das Bett stand dicht an der Wand, so daß wenn nachts die Angst kam, man sich mit dem Rücken an die Wand pressen und der Gefahr ins Auge sehen konnte.
Die Matratzen waren weich – – hartes Bett und hartes Brot hatten nur arme Leute –, und wenn es das Glück wollte, kam manchmal ein Roßhaar durchs Leintuch, das ich auszupfte und dabei wünschte, ich läge auf einer Alm auf richtigem Heu.
Die Decke war hellblau mit vielen farbigen Blumen, sie war gesteppt und fast von Seide, denn auf die Daunendecken mit echter Seide mußte man warten, bis man erwachsen war.
Auf der Decke lag ein leichtes, kleines Plumeau, bezogen mit feinem Batist, durch den das helle Blau des Plumeaus schimmerte. Auch des Kopfpolsters helle Bläue konnte man an den Stellen sehen, wo Spitzeneinsätze das feste Leinen des Bezugs durchbrachen.
Das Wichtigste aber in dem ganzen Bett war das kleine Polster, das auf dem großen Kopfpolster lag.
Seit Madeleine bei mir war, nahm ich es am hellichten Tag des öfteren aus meinem Bett, um es auf den Diwan zu legen unter Madeleines Kopf. Gleich anfangs, als ich ihr zum ersten Mal den Aladdin lieh, erzählte ich ihr seine Geschichte.

Aladdin war schon das Kopfkissen meiner Großmutter gewesen und ob es damals schon Aladdin geheißen hatte, wußte ich nicht zu sagen. Es war meiner Großmutter von meinem Großvater mitgebracht worden aus fernen Ländern, war gefüllt mit Federn der Kolibris, Schmetterlingsflügeln, Kräutern aus Asien und getrockneten Blumen aus Indien, und wer drauf schlief, dem wurden gute Träume und ewige Gesundheit geschenkt.

Meine Großmutter war schon mit vierundzwanzig Jahren gestorben an der galoppierenden Schwindsucht. Aber da konnte das Kissen nichts dafür, denn mit der ewigen Gesundheit war sicher nur das Beschützen vor ordentlichen und gewohnten Krankheiten gemeint, nicht aber vor einer, die im Galopp Menschen überrannte und mit ihren Hufen zerstampfte, bevor man ihnen helfen konnte.

Ich zeigte Madeleine das Bild meiner Großmutter, das in einem goldenen Rahmen über der Kommode hing.

Das Gesicht der Großmutter war schön und freundlich, als hätte sie viele gute und angstlose Träume geträumt. Das Unbegreifliche aber, das Geheimnisvolle an ihr war, daß sie jünger aussah als meine Mutter.

Alle Großmütter waren alt: Was war mit meiner Großmutter geschehen, daß sie jung bleiben mußte?

Vielleicht wußte es Aladdin?

Mein Zimmer war verändert worden, seit Madeleine bei mir war. An der langen Wand, ihrem Diwan gegenüber, standen zwei große Schränke und in ihrer Mitte die Kommode mit dem Aufsatz. Die schweren weißen Schränke waren verschoben worden, so daß rechts und links von der Kommode zwei Räume entstanden.

In den einen Raum übersiedelten Isabella und der Eisbär mit Himmelbett, Fauteuil und Puppenkommode.

In dem andern Raum lebten von nun an die übrigen sechs Puppen. Sie besaßen drei Betten und zwei Schulbänke und waren tagsüber meist um den stets gedeckten Tisch versammelt.

Die Umsiedlung aller Puppen von der Fensterwand in die zwei Räume war deshalb vorgenommen worden, damit Madeleine ruhig und ungestört in meinem kleinen Korbsessel unter dem Fenster sitzen konnte, um meine Tiere anzusehen.

Zwischen Fenster und Schrank stand der große Puppenkleiderkasten mit Isabellas Garderobe, und auf dem Kasten befand sich das Terrarium mit den zwei Eidechsen, daneben stand das gläserne Froschhaus mit grünem Dach, Leiter und grünem Frosch.
Madeleine sah manchmal sehr traurig drein und dachte wohl an Madame Lagarde und das schöne Haus der Lagardes, aber sie weinte nie, denn sie war ja ein altes Kind. Wenn das Traurigsein über sie kam, nahm ich sie fort von ihrem Diwan, zog sie an ihren Händen hoch und führte sie zu meinem Korbsessel, in dem ich noch als fünfjähriges Kind gesessen hatte.
Da saß sie nun und sah mir zu, wie ich das Dach des Froschhauses öffnete. Ich beugte mich über das Glas, der Frosch sprang mir auf die Nase. Ich fing ihn ein und setzte ihn auf Madeleines Arm, sie fürchtete sich nicht vor seiner Schleimigkeit, auch wenn er ihr ins Gesicht sprang. Sie liebte den Frosch, noch mehr aber die beiden Eidechsen. Waren die Fenster zu lange offen geblieben und war der Ofen im Frühling nicht mehr und im Herbst noch nicht geheizt worden, oder wenn es kalt und feucht vor Regen im Zimmer war, dann liebten es meine Eidechsen, aus ihrem großen Haus herausgenommen zu werden und dicht an meinem Hals unter dem Kleid auf meiner Haut zu sitzen. Sie lagen dort still wie auf einer besonnten Mauer, und ihre Köpfchen lugten aus meinem Halsausschnitt heraus. Burgi, Luise, das Fräulein, die Freundinnen meiner Mutter schrien, wenn sie die Köpfchen an meinem Halse sahen, nur die Mama sagte nichts, und Madeleine schien zu lächeln. Manchmal legte ich die Eidechsen an Madeleines Hals, aber sie wollten nicht bleiben, sie huschten über ihr Gesicht und ihre Haare, und ich hatte große Mühe, sie wieder einzufangen. Madeleine sah dann betrübt vor sich hin, und ich legte behutsam meine Hände auf ihre wächsernen Wangen und spürte, wie das Wachs sich erwärmte.
Die Puppen lebten nun in ihren zwei Zimmern ganz für sich, ohne Madeleine zu belästigen.
Die Gesellschaft bestand aus Isabella, der Holländerin, der Tirolerin, zwei Schulmädchen, zwei Schulbuben und dem Eisbären.
Isabella hatte lange, braune Zöpfe, ein rosiges, hochmütiges

Gesicht und besaß ein Eislaufkostüm, einen Matrosenanzug und ein weißseidenes Ballkleid. Sie vertrug sich nur mit dem Eisbären, der sich mit allen vertrug und in eine rote Husarenuniform gekleidet war.

Die Holländerin war stolz und reinlich, ihr Kopf bestand aus feinstem Porzellan, die Nadeln ihrer Haube waren aus purem Golde, sie trug vier Reihen roter Perlen um ihren Hals, und die Spitzen der Haube, des Plastrons und der Schürze mußten stets gewaschen und gestärkt werden.

An der Tirolerin war nicht viel sauber zu halten. Ihr Körper war aus grauem Stoff, der Kopf aus Holz, und anstelle der Haare hatte sie eine glattpolierte schwarzlackierte Halbkugel, auf der ein schwarzes Samtband angenagelt war. Die Schulmädchen waren Geschwister aus Wien, Annunziata lernte gut, Immaculata lernte schlecht.

Der eine der Schulbuben war Kärntner und hieß Hansel, der andere Bube war Dalmatiner und hieß Dragan. Die Buben waren in Landestracht und brauchten sich, weil sie Buben waren, nicht zu waschen.

Das Leben der sieben Puppen und des Eisbären war recht eintönig, verglichen mit dem abwechslungsreichen Treiben im Puppenhaus. In diese Eintönigkeit des Puppenlebens brach aber eines Tages, plötzlich wie ein Gewitter, ein Ereignis herein, das die ganze Gesellschaft in wildesten Aufruhr versetzte.

Das ganze Unglück hatte damit begonnen, daß ein Puppengeschäft in der Inneren Stadt, ein feines, teures, herrliches Puppengeschäft, eine neue, neuartige Puppe in die Auslage gestellt hatte.

Die Puppe stand auf einer Glasplatte und hielt in ihrer ausgestreckten Hand eine weiße Karte, auf der zu lesen war: *Ein Gassenmädel* von Paul Krotzel.

Die Puppe hatte einen geschnitzten Holzkopf, rotlackierte Wangen, grüne Augen ohne Wimpern und einen Mund, aus dem Schimpfworte zu kollern schienen. Grellrote, ungekämmte Haare hingen ihr auf die Schultern, das graugemusterte Barchentkleid hatte Risse und war an vielen Stellen mit andersfarbenen Flicken besetzt, die quergestreiften Strümpfe hingen auf die zerfetzten, ungeputzten Schuhe herab, und die Hände endeten in schmutzigen Fingernägeln. Täglich standen Kinder und Erwachsene zuhauf vor dem

Schaufenster. Manche waren begeistert, viele schimpften, und das Gassenmädel sah die Begeisterten und die Schimpfenden gleichermaßen frech an.
Als ich eines Tages, mit meinem Onki spazierend, vor der Auslage stehen blieb, um die Puppe zu betrachten, erklärte Onki, dies sei eigentlich garkeine Puppe. »Das ist eine Kunstfigur«, sagte er, »von einem Künstler geschaffen.«
»Häßlich ist sie«, sagte ich.
»Nicht eigentlich häßlich«, meinte er, »sie ist echt!« So etwas sagte er sonst nur von Edelsteinen und Bildern. »Sie ist dem Leben nachgebildet. So sehen manche Kinder aus, die du auf den Straßen siehst.«
»Nein«, sagte ich und schüttelte heftig den Kopf, »ich sehe solche Kinder nicht auf den Straßen und wenn ich sie sehe, darf ich nicht spielen mit ihnen, weil sie böse sind und schmutzig.«
»Schau sie dir nur einmal ganz richtig an«, sagte Onki ruhig und deutete auf die Puppe, »vielleicht ist sie garnicht böse, vielleicht ist sie nur arm!«
Mir stiegen die Tränen in die Augen, und ich ballte die Fäuste. »Ich mag sie nicht anschauen, ich mag nicht!« sagte ich. »Sie ist häßlich, häßlich ...«
»Ganz recht hat das Kind!« sagte einer unter den Leuten, die sich vor der Auslage drängten. »Ein Unrecht ist das, sowas unter anständige Puppen zu stellen!«
Onki nahm meine geballte Faust und zog mich aus der Menge fort.
Die Puppe stand noch einige Wochen in der Auslage. Sie kostete eine ungeheure Summe, sie kostete achtzig Kronen.
»Nur ein Narr wird sie kaufen«, sagten die Leute.
Eines Tages fand sich der Narr. Es war ein Klient meines Onki, der mir, dem Patenkind, nach einem glücklich gewonnenen Prozeß diese kostbare Puppe schenkte.
Als der Klient, ein Kunsthändler, dem Onki schon viele schöne Bilder und Figuren abgekauft hatte, die große, längliche Schachtel in Onkis Bureau auspackte, das Gassenmädel heraushob und mir auf den Arm setzte, wurde ich über und über rot, preßte die Puppe fest an mich, um sie nicht fallen zu lassen, knixte und stotterte, ganz außer Atem vor Schreck: »Danke – – danke – – danke schön!« »Das habe ich aber gut getroffen«, sagte der Klient, »die Kleine, die versteht schon

was . . .! So eine moderne Puppe!« Er wiegte den Kopf und lachte laut. Onki lächelte mir zu, und ich versteckte mein Gesicht in dem struppigen roten Haar der Puppe. Es roch nach Stroh und Farbe.
Als ich mit der neuen Puppe nach Hause kam, sagte Luise, das sei keine Puppe, das sei ein Fetzenbinkl, und Burgi, das Stubenmädchen, sagte, sie wolle sowas garnicht anrühren.
Ich scheute mich davor, sie den andern Puppen vorzustellen.
Einige Tage lang ließ ich sie in ihrer Schachtel in einer Ecke liegen, dann aber überkam mich ein großer Trotz, und ich meinte, wenn mir die Puppe aufgezwungen worden sei, da könnte ich sie wohl auch meinen Puppen aufzwingen.
Am folgenden Sonntagnachmittag begann ich mit den mühseligen Vorbereitungen zu einer der großen Puppengesellschaften, die ich vor Madeleines Ankunft oft gegeben hatte.
An der Wand, an der mein Schreibtisch und der Diwan stand, gab es noch eine Doppeltüre, die in das Schlafzimmer der Mama führte. Diese Türe war durch einen schweren, blauen Samtvorhang verdeckt, und vor diesen Vorhang, ganz nahe der Ofenecke, stellte ich nun die Puppenbänke, Stühle, Fauteuils um den Puppentisch herum.
Madeleine zuliebe hatte ich die ganze Gesellschaft nicht, wie sonst, unter die Fenster getan. Weit, ganz weit entfernt von der Gesellschaft, saß Madeleine in ihrem Sessel, und ich hatte den Korbstuhl so gedreht, daß sie der Gesellschaft den Rücken wenden konnte. Sie hatte nach Puppenart ihre Füße mit den schönen Lackstiefeletten von sich gestreckt und sah dem Frosch zu, der auf seine Leiter geklettert war.
Auf dem Puppenherd kochte über einer Spiritusflamme, die sich unsichtbar im Herd befand, die Schokolade, und auf dem Tisch standen die kleinen Torten, die Luise gebacken hatte.
Die Puppen setzten sich nun zu Tisch, die Holländerin saß mit der Tirolerin an einem Ende der Tafel, Isabella am andern. Auf der Bank waren Hansel und Dragan untergebracht, und zwischen ihnen saß der Eisbär.
Die beiden Mädchen Annunziata und Immaculata saßen den Buben gegenüber auf Stühlen, und dazwischen schob ich noch einen Stuhl, auf den setzte ich die aus der Schachtel

ausgepackte Neue, die ich hastig »Rosa« benannt hatte. Die Gesellschaft trank Schokolade aus goldenen Tassen, sie aßen Tortenstücke mit silbernen Gabeln auf rosenverzierten Tellern.
Ich hatte die Neue, die Rosa, den Puppen vorgestellt, und alle Puppen waren still und ruhig und artig, vielleicht zu still, zu ruhig, zu artig.
Ich weiß nicht, ob die neue Rosa ungeschickt war oder ob sie es absichtlich getan hatte: die Tasse, die sie fest in ihren groben Händen hielt, fiel ihr aus den Händen, rollte schräg über den Tisch, und die heiße Schokolade floß über das Kleid der Holländerin.
Was dann geschah, ist kaum zu beschreiben.
Die Holländerin stach mit ihrer Goldnadel auf die neue Rosa ein, Rosa spuckte Annunziata und Immaculata an, Hansel und Dragan balgten sich auf dem Boden und wurden von der Tirolerin geohrfeigt, Isabellas Gabel flog über den Tisch in Rosas rotes Haar – – nur der Eisbär blieb ruhig auf seinem Platz sitzen.
Dann, mit einem Male, stürzten sich alle sieben auf die neue Rosa, zerrten sie von ihrem Sessel zu Boden. Sieben Puppenleiber lagen über Rosa und verdeckten sie ganz und gar.
Nun aber packte mich ein heißer Zorn, ich schlug auf die sieben Puppen ein, riß eine nach der andern weg von Rosa und warf sie in ihre Räume zurück, rechts und links von der Kommode und warf sie mit so großer Macht, daß ich ihre Köpfe und Glieder klirren und knacken hörte. Und je mehr ich spürte, daß ich stärker war als alle meine Puppen, desto zorniger wurde ich.
Zuletzt packte ich die Rosa an den Haaren und warf sie ziellos, in großem Bogen, durch das ganze Zimmer.
Dann setzte ich mich erschöpft auf den Boden, neben den gedeckten Tisch, an dem immer noch der Eisbär saß, trank weinend ausgekühlte Schokolade aus den Puppentassen und verkutzte mich an Tortenbröseln, die sich in meine schluchzende Kehle verirrten.
Um mir Trost zu holen, stand ich endlich auf und ging zu Madeleine.
Sie saß in ihrem Korbsessel, ein wenig vorgeneigt und sah nicht mehr hinauf zu dem Frosch.
Sie blickte erschreckt und entsetzt auf ihre Beine.

Quer über ihren ausgestreckten Beinen lag Rosa, ausgespreitet und steif wie eine tote Katze.
Mir graute davor, Rosa anzufassen, aber ich mußte Madeleine von der eklen Last befreien. Ich hob Rosa an ihrem Barchentkleid hoch und ließ sie zur Erde fallen, dicht neben dem Korbstuhl.
Dann nahm ich Madeleine auf den Arm, bat sie leidenschaftlich um Verzeihung dafür, daß ich die neue Rosa versehentlich auf sie geworfen hatte und trug Madeleine zu ihrem Diwan.
Madeleine sah mich an, und es war zum ersten Mal, daß sie finster und streng dreinsah. Sie sprach nicht, aber ich wußte, was sie sagen wollte.
Eine Stunde später war Frieden im Zimmer.
Die sechs Puppen lagen in ihren Betten, Isabella schlief in ihrem Himmelbett.
Die neue Rosa aber, mit Matrosenkleid, Strümpfen und Schuhen der Isabella angetan, gekämmt und geputzt, saß neben dem Eisbären zu Füßen Madeleines auf dem Diwan.
Und von Stund an wagte niemand mehr gegen Rosa die Hand zu erheben.

V Das Wetter

Montag – Dienstag – Mittwoch – Donnerstag – Freitag – Samstag – sechs Morgen fröstlig und grau, sechsmal halbe Tage böser Schule. Aufstehen! Aufstehen!
Das Bett verlassen, die gute Höhle verlassen, die warme Decke zurückschlagen, Abschied nehmen von Aladdin.
Im Kachelofen brennt das Feuer, im Kamin des Badezimmers zischt das Gas, das Wasser fließt warm aus den Röhren, der Cacao ist heiß, die Frühstückssemmel knuspert warm zwischen den Zähnen.
Aber Füße und Hände, Nase und Ohren sind kalt, nur Mund und Augen brennen, weil das Weinen ganz nahe ist.
Aufstehen! Aufstehen!
Im Winter ist's kalt, im Frühling ist's fröstlig, im Herbst

ist's grau. Jeden Schulmorgen senkt sich über die Fenster ein feuchter, grauer Schleier, sperrt Himmel und Sonne aus.
Aufstehen! Aufstehen!
»Der Mensch muß aufstehn!« sagt Luise.

In jenen Zeiten, in denen die Augen noch nicht gelernt haben, das ›Wirkliche‹ zu sehen, die Ohren Geräusche und Laute hören, ohne den Sinn der Worte anzunehmen, der Geruchssinn noch keine rechte Einteilung trifft zwischen Duftendem und Stinkendem, der Geschmack an Formen, Farben und Kaugeräusche gebunden ist, und das Betasten der Dinge die Dinge verwandelt – – in jenen Tagen trägt man sein eigenes Wetter in sich, Dunkel und Helle, Regen und Sonne, Kälte und Wärme. Nacht und Mond.
Vielleicht trägt man sein Leben lang sein eigenes Wetter in sich, aber später wagt man es nicht mehr, in seinem inneren Wetter zu leben, so wie man es als Kind getan hat.
Zur Schule führten zwei Wege, einer, an dem sich Geschäft an Geschäft reihte: hier wurde bestellt, dort eingekauft, Luise nickte, Luise grüßte, und über der langen, engen Straße lag ein dunkelgrauer Himmel. Den andern Schulweg nahmen wir, wenn die Zeit knapp geworden war und Luise nur einmal stehen blieb, um ihr Kreuz zu schlagen und zu beten zu dem Zahnweh-Herrgott, der hinter dem hohen Dom behaust war. Er wuchs aus einer steinernen Säule heraus, seine Stirn war mit Dornen bekränzt, und er sah mit verschränkten Armen wehmütig auf Luise herab, die in fremder Sprache ihr kurzes Gebet murmelte.
Auf jenem Schulweg, den Schulpack auf dem Rücken, der mit Tafel, Griffelkasten, Büchern beladen war und auf dem die Angst wie eine Hexe hockte, auf jenem Schulweg ging ich durch viele Wetter.
In der Gasse, in der wir wohnten, war das Wetter veränderlich, schultags grau und feiertags hell, aber in den Straßen, Gassen und Zeilen, die kreuz und quer um unsre Gasse liefen, war es immer dunkel, und der Himmel schloß wie ein grauer Schachteldeckel die engen Gassen von oben zu. Manche der dunklen Gassen hatten dumpfe Namen: Kumpfgasse – – Blutgasse – und in der Grünangergasse wuchs kein Grün.

Ich stapfte an der Hand der Luise die steile Schulerstraße hinan. Die Straße schmeckte, roch und klang nach Schule.
Da aber traten wir ganz plötzlich aus der engen, dunklen, grauen Schachtel heraus und standen in einem ungeheuren Raum. Der Himmel war nun ganz weit weg und wurde in höchster Höhe von der Spitze des unendlich hohen Turmes festgehalten.
Der ganze große Raum war ausgefüllt von der mächtigen Kirche mit ihren bunten Fensterscheiben, den steilen Dächern, dem höchsten Turm. Der Turm hatte unzählige steinerne Zacken, die so zart waren, als könnten sie wie Obst vom Baume geschüttelt werden.
Manchmal vor dem Einschlafen träumte ich davon, auf den steinernen Baum hinaufzusteigen: ich kletterte vorsichtig von Zacke zu Zacke bis zur höchsten Spitze, um zu sehen, wie die Turmspitze den Himmel festhielt, und fand niemals die Lücke, durch die man in den Himmel hätte schauen können.
Der Turm, die Kirche, der Stephansplatz waren von einem immer blauen Himmel überspannt, der sich auch über dem Graben wie ein blauer Lauftreppich abrollte.
Und inmitten des Grabens stand ein Gebilde aus Seifenblasenwolken, die sich wohl einst vom Himmel gelöst hatten und nun als Wolkensäule mit der Straße verhaftet waren. Auf den gekräuselten Wolken spielten Engel, Gott und Jesus thronten auf den Wolken, über ihnen spreitete die Taube ihre Flügel aus, und um sie war ein Strahlenglanz aus purem Gold.
Die Straßen rechts und links vom Graben waren schwarz vor Dunkelheit, und in der engsten und dunkelsten lag der Eingang zur Schule. Aber auch die Straßen und Plätze, die nicht auf meinem Schulweg lagen, hatten ihr unabänderlich eigenes Wetter.
Die Hofburg und die Ringstraße erstrahlten im hellsten Sonnenlicht, über der Kärntnerstraße und dem Kohlmarkt funkelte es blau, aber über der Donau, dem Kai entlang, verfinsterte sich der Himmel, tauchte die Rotenturmstraße, die den Donaukanal mit dem Stephansplatz verband, in heftigen Regen.
Links und rechts von dieser Regenstraße gab es Gassen, die von finsterster Nacht verhüllt waren.

Der stille Josefsplatz aber lag stets im Mondschein, und der Prater, die Stätte aller Lustbarkeit auf Erden, leuchtete in der hellsten, ewig besternten Nacht.
Es machte nichts aus, wenn in Wirklichkeit der Regen auf den Stephansplatz platschte, die Sonne sich in der Donau spiegelte, über den Wolkensäulen auf dem Graben dunkle Wolken hingen, der Josefsplatz und der Prater im Tageslicht strahlten.
Es machte nichts aus, was in Wirklichkeit geschah: jede Straße, jede Gasse, Platz und Fluß, Haus und Kirche besaßen ihr beständiges, ihnen eigenes Wetter.
In Wirklichkeit war immer alles anders, als man es sah und wußte und liebte, nur in Wirklichkeit war alles unbeständig, gefahrvoll und böse. Wie's wirklich war, das mußte man Tag für Tag in der Schule lernen. Tag für Tag mußte man zur Schule gehen, in die Schule, in der Fledermäuse und Hexen hausten.

VI Die Schule

Die Gasse war finster und eng, das Haus war hoch und grau.
Die Haustür war breit und schwer, und nur große, starke Kinder konnten sie öffnen. Hinter der Türe war der steinerne Gang, und am Ende des Ganges stand ein gläserner Käfig. In dem Käfig lauerte der Hausmeister.
Da war der gläserne Lift hinter schwarzen Eisengittern, und der Hausmeister trottete aus seinem Käfig zum Lift, um das Eisengitter aufzusperren: für Lehrer, für Wohnungsbewohner, für leidende Schülerinnen.
Da war das steinerne Stiegenhaus mit den vielen breiten, niederen Steinstufen und den hohen rosaroten Marmorsäulen. Das Stiegenhaus war kalt, sommers und winters, es roch nach kaltem Stein, Spinat und Tinte.
Es war sehr still in dem Stiegenhaus, obwohl es allmorgendlich von Wesen wimmelte, denen der Lift verboten war. Da sprangen Lieferantenbuben und Bureaulehrlinge die Treppen hinauf, liefen Dienstmädchen und Hunde die

Treppen hinunter, stiegen wir gesunden, nicht liftbedürftigen Kinder die einhundertundsieben Stufen zur Schultüre hinan und überholten die alten Bureaufräulein, die sich am Stiegengeländer festhielten, weil sie mehr Kraft in den Armen als in den Beinen hatten.

Oben aber, an der einhundertundsiebenten Stufe stand die Schulaufsicht, und unten beim Lift stand der Hausmeister, und darum war kein Pfeifen und Singen, kein Schwätzen und Schreien, kein Lachen und Bellen zu hören. Da gab es nichts als das Klappern der Schuhe auf den Steinstufen, das Keuchen der alten Fräulein, ein Weniges an Flüstern und Kichern, das Quietschen und Quaken des Lifts, das Dröhnen seiner eisernen Türen.

Die Schultüre oben öffnete sich auf einen dunklen, engen Gang, den zwei Gaslichter flackernd und sirrend bedüsterten.

An den Wänden des Ganges hingen an hellen Messinghaken schwarze Gestalten, die sich im Luftzug bewegten. Über einem der Messinghaken stand mein Name.

Ich mußte meinen schönen Mantel ausziehen, ich mußte das Schwarze vom Haken nehmen und über mein Kleid anziehen. Der Matrosenkragen verschwand unter dem engen, runden Ausschnitt, die Handgelenke wurden eingezwängt in enge Manschetten, jemand, der hinter mir stand, knipste die Drücker am Rücken zu, und dann war man eingesperrt in die schwarze Lüsterschürze.

Die Schürze war in scharfe Falten gelegt, ihr Stoff fühlte sich an wie Nesseln und rauhe Wolle, die Hände mochten sie nicht berühren, und nur die Fingerspitzen betupften manchmal den glänzenden Lackgürtel, der das Schürzenkleid umschließen durfte.

Mantel, Hut und Frühstückskörbchen hingen nun an dem Haken in dem engen, dunklen Gang.

Der mündete in einen großen, weiten Gang mit vielen Türen, die zu den Klassenzimmern führten.

Das Klassenzimmer der ersten Klasse, der jüngsten Kinder, war ein schmaler Raum mit einem großen Fenster auf die dunkle Gasse.

Wir hatten keine Schulbänke, weil wir so wenige waren.

Wir saßen an zwei langen Tischen auf hohen Stühlen, unsre Beine baumelten von den Stühlen. Unsre Rücken durften

die Stuhllehnen nicht berühren, unsre Rücken mußten gerade und steif sein wie Bretter.
Je vier Finger unsrer Hände lagen dicht nebeneinander auf dem Tisch, ausgerichtet wie acht Rechenstäbchen, nur die beiden Daumen durften sich unter der Tischplatte versteckt halten.
Wir waren unser elf, und die Lehrerin konnte uns leicht überschauen.
Wir lernten das Lesen und das Schreiben und das Rechnen, und das Rechnen war das Schwerste unter ihnen.
Ich konnte zählen und lesen, bevor ich zur Schule mußte.
Onki war es gewesen, der auf große, weiße Papiere schöne Buchstaben zwischen viele Zeilen gemalt hatte und die Buchstaben teils mit Kreisen, teils mit Herzen umrahmte. In jedem Kreis und in jedem Herz steckte ein Wort. Die Umkreisten waren die langweiligen, die Umherzten waren die lieben Worte. Die Worte hingen wie Bilder an den Zeilen.
Onki war sehr stolz auf mich, wenn ich ohne zu stocken aus seiner Schreibeschrift herauslesen konnte:
Die Eisenbahn fährt auf den Semmering.
Der Hund hat viele Hunde.
Das Kind freut sich auf Weihnachten.
Eisenbahn, Semmering, Hund, Kind, Weihnachten waren von Herzen umkränzt, es war nicht schwer, sich diese Worte zu merken und sie lesen zu können.
Ich konnte auch zählen, bevor ich zur Schule mußte.
Onki hatte mir vorgezählt, und ich hatte ihm nachgezählt. Schon von klein auf wußte ich bei unseren vielen Spielen die Abzählreime zu gebrauchen, nicht nur den von der alten Frau: 1, 2, 3, 4, 5, 6, 7, eine alte Frau kocht Rüben, eine alte Frau kocht Speck, schneidet sich den Finger weg. Es ging noch viel höher hinauf beim: 1, 2, Polizei, 3, 4, Offizier, 5, 6, alte Hex, 7, 8, gute Nacht, 9, 10, laßt uns gehn, 11, 12, kommen die Wölf ...
Und noch viel höher gings bei den Zahlenliedern.
Da setzte sich Onki ans Klavier, und ich setzte mich daneben, und er begann einen Walzer zu spielen, und dazu sangen wir:

»Siebnundzwanzik – achtundzwanzik
neunundzwanzik und dreißik, wie ist das so schön ...«

Immer höher gings hinauf, daß ich garnicht mitkam, immer höher hinauf bis in die vierzig und die fünfzig, immer höher, bis der Kanzleikonzipient an die Türe klopfte, hereinkam und sagte: »Entschuldigen der Herr Doktor, aber die Herrn Klienten, die was da sind, warten schon auf Herrn Doktor.«
Ich hatte die Zahlen lieb und hielt sie in derselben Schachtel, in der das große Wurschtelpraterspiel aufbewahrt war.
Wenn ich warten mußte, bis Onki mit seinen Klienten fertig war, nahm ich oft das Zahlenspiel aus der Wurschtelpraterschachtel heraus und legte die Zahlen auf dem Speisezimmertisch aus.
Die Zahlen waren große, weiße, glänzende, glatte Kartonfiguren, die man aufstellen konnte.
Ich suchte sie in der rechten Weise aus und tat die zusammen, die zusammen gehörten.
Voran ging als wehende Fahne die Sieben mit der Eins, dahinter kamen die dicken Mädchen Acht und Drei, und hinter ihnen sprangen die dünnen Buben mit den großen Köpfen, der Neuner und der Sechser, der eine hüpfte auf einem Bein, der andre stand kopf. Hinter ihnen watschelte die Fünf und rollte sich die Null, und am Ende lief mit abgebogenem, erhobenem Arm das ganz dünne Männchen, der Vierer.
Zwischen all den Figuren aber tanzte in schönen Bogen und Kreisen die Zwei. Sie war nicht dick und nicht dünn, nicht rund und nicht eckig, sie sah niemandem ähnlich und gehörte zu keinem von ihnen.
In der Schule war alles anders.
In der Schule malte die Lehrerin eine Zwei auf die schwarze Wandtafel und daneben malte sie eine Sieben und trennte die beiden durch ein Kreuz und das sei neun, sagte sie und schrieb einen Neuner auf die Tafel mit zwei kleinen Strichen davor.
Und wir elfe mußten sagen: »Zwa-i und siebeen gibt Nö-in.«
Sie malte an die Wand: eins – Kreuz – drei – Striche – vier.
Und wir elfe mußten sagen: »A-ins und dra-i gibt vi-a.«
Sie tat Rundes und Eckiges, Dickes und Dünnes zusammen, es wimmelte von Kreuzen und Strichen, und alles war aus der Ordnung geraten.
Es ging noch gut, solange wir alle elfe sprachen und alle

dasselbe sagten. Als aber die Zeit kam, in der ich ganz alleine und ohne die andern die Zahlen aufsagen mußte, war alles falsch, und ich konnte die richtigen Zahlen nicht finden.
»Falsch«, sagte die Lehrerin, »wieder falsch.«
Ich malte die Zahlen auf meine Schiefertafel, sie waren gut und richtig gemalt: Zahl-Kreuz-Zahl, aber die Zahl, die ich hinter die zwei Strichlein malen sollte, war fast niemals richtig.
Eines Tages geschah es, daß die Schiefertafel unter meinem angestrengten Bemühen, die richtige Zahl hinzumalen, verrutschte, vom Tisch fiel, der Griffel nachrollte, alles auf dem Boden zerbrach und die Geduld der Lehrerin riß.
»Jetzt ist es aber genug«, rief sie. »Dumm, verstockt und ungeschickt dazu, das ist zuviel. Du hebst die zerbrochene Tafel auf«, befahl sie, »und gehst damit zu Fräulein von Weser. Zur Strafe!«
Ich kniete auf dem Boden und klaubte die Schiefern meiner schönen schwarzen Tafel zusammen, mein Griffel war in drei Stücke zerbrochen. Ich steckte den Arm durch den leeren, hölzernen Tafelrahmen und hielt das scharfkantige Zerbrochene fest in den Händen.
Es war ganz still in der Klasse, die Kinder rührten sich nicht, die Lehrerin schwieg.
Ich stand vom Boden auf, die Lehrerin ging zur Türe und öffnete sie.
Ich ging an ihr vorbei, durch die Türe, mit allen Scherben.
Sie schloß die Türe, und ich stand allein in dem langen, breiten Gang mit den vielen Türen.
Ich mußte den langen Gang zu Ende gehen. Ganz am Ende links war eine Türe, die führte zum Vorraum.
Vor dieser Türe blieb ich stehen und klopfte: Einmal, zweimal, dreimal.
Niemand antwortete.
Ich tat die zerbrochenen Stücke behutsam in meine Schürze und öffnete leise die Türe.
Der Vorraum war leer.
Im Vorraum standen schwere Schränke mit grünen Seidenvorhängen an den Wänden. Im Vorraum hingen ein Schafhirt mit Schafen, ein Meer mit Schiffen, ein Jesus in goldenem Rahmen an den Wänden. Kleine runde Marmortische waren umstellt von dünnfüßigen Samtstühlen.

Es war der Warteraum, in dem die Mütter warteten, um Gutes oder Böses über ihre Kinder zu erfahren.
Ich schlich mich zwischen den vielen Tischen und Stühlen durch, ganz leise, ohne anzustoßen, hin zu den hohen Fenstern und versteckte mich hinter einem großen Plüschvorhang. Ich stand am hellen Fenster, aber der halbzugezogene Vorhang dunkelte mich ein, deckte mich zu wie eine warme Decke. Den Fenstern nahe war die große braune Flügeltüre und hinter der Flügeltüre, das waren sie, die Alte und die Hexe.
Die Alte und die Hexe, die sehen alles, die hören alles, die wissen alles. Noch nie hat ein Kind ihr Schlafzimmer gesehen, und sie schlafen wohl auch nicht. Sie brauchen sich nicht anzuziehen und nicht auszuziehen, sie tragen ihre Kleider, als seien sie auf den Leib festgenagelt. Sie können gehen, stehen und sitzen, aber wohl nicht liegen, außer in einem Sarg.
Allabendlich, sagten die großen Kinder, allabendlich müssen die Stubenmädchen alle gefüllten Papierkörbe an die Hexe abliefern. Nachts, sagten sie, würde die Hexe verbotene Zettel, die in den Schulstunden heimlich geschrieben worden waren, und unerlaubte, in kleine Fetzen zerrissene Briefe aus den Körben holen, das Zerrissene zusammensetzen und lesen. Auf dem Tisch, sagten die großen Mädchen, die in der Schule essen, schlafen und wohnen, hätte die Alte ein Telephon stehen, aus dem könne sie alles vernehmen, was in den Klassenräumen, dem Speisesaal, auf den Gängen und in den Schlafsälen gesprochen würde.
Manche sagten, das seien alles Lügengeschichten, die Vorsteherin und Fräulein von Weser würden nachts schlafen und schnarchen wie andere Menschen.
Als aber dann die sechzehnjährige Lilli einen ganzen Tag lang krank im Bett liegen mußte, weil sie einen Brief gegessen hatte, damit er der Hexe nicht in die Hände fallen konnte, da begannen sogar die Ungläubigsten der furchtsamen Lilli die Geschichte vom Gespenst zu glauben. Die Alte, sagte Lilli, würde nachts in einen grauen Schleier gehüllt, der sie unsichtbar machte, durch die Schlafsäle schleichen, sagte Lilli, und lauschen, was die Mädchen nachts in ihren Träumen murmelten. Einmal, sagte Lilli, habe sie das Wehen eines Schleiers über ihrem Gesicht gespürt. Da hat

die Kirchenuhr eins geschlagen, flüsterte Lilli, und weg war der Spuk. »Die Alte ist ein Gespenst«, sagten die Kinder, »und die Hexe ist von Stein!«
Die Hexe ist von Stein ...
Meine Hände fingen an zu zittern, und ich legte die Scherben auf das Fensterbrett. Ich faltete die Hände und sagte: »Hilf mir, lieber Gott, hilf mir und beschütze mich vor der Hexe, beschütze mich vor der Alten!«
Draußen vor dem Fenster thronte Gott in den Wolken, einen großen Spielball in der Hand, er war ganz nahe, mit ein paar Schritten durch die Luft hätte man ihn erreichen und bei ihm sein können. Die Engel schwirrten unter ihm in den Wolken, und manchmal schien auch die Taube über ihm die Flügel zu bewegen.
In der Schule mußte man lernen, daß dieser Thron Gottes und der Spielplatz der Engel die Pestsäule hieß, die aus Dankbarkeit für die Errettung von der Pest errichtet worden war. Die großen Mädchen aber sagten, sie sei zu Ehren der Pest aufgebaut worden, die so viele Kinder für lange Zeit vom Schulbesuch errettet hatte.
Ich sah immer noch zu Gott hinüber, als sich plötzlich die Flügeltüre öffnete.
In der Türe stand Fräulein von Weser.
Sie ging langsam zu dem Vorhang, hinter dem ich stand und schlug ihn zurück.
»Was tust du hier?« fragte sie.
Ich nahm die Scherben vom Fensterbrett und hielt sie ihr hin.
»Zerbrochen«, sagte sie. »Komm herein«, befahl sie.
Ich mußte ihr durch die offene Türe folgen. Ich mußte die Türe schließen, an der Türe stehenbleiben, knixen und warten.
Hinter einem großen Schreibtisch saß die Vorsteherin. Die Vorsteherin mußte Tante Elfriede genannt werden, obwohl sie Fräulein von Weser hieß, und Fräulein von Weser war ihre Nichte.
Die Vorsteherin war sehr alt, und die Nichte war auch schon alt, die großen Kinder sagten, sie sei über fünfunddreißig.
Die Vorsteherin und Fräulein von Weser trugen stets dunkle Kleider mit hellen Tülleinsätzen, man konnte an ihren hohen Halskragen die fischbeinernen Stäbchen zählen. Die

Alte hatte einige Fischbeine mehr, und die Stäbchen waren wohl dazu da, um den schweren alten Kopf zu stützen, damit er nicht von dem dünnen, gelben Hals herabfiele.
Die Alte, die bisher reglos hinter ihrem Schreibtisch gesessen hatte, streckte plötzlich die Hand aus, als wollte sie nach mir greifen, dann krümmte sie den Zeigefinger und klopfte damit auf den Tisch. Ich mußte auf den Schreibtisch zugehen und die zerbrochenen Schieferstücke und den zerbrochenen Griffel neben den klopfenden Finger legen. Ich tat das wohl ein wenig hastig, ein wenig ängstlich, ein Schieferstück ritzte meinen Finger, und zwei Blutstropfen fielen auf die Tischplatte, bevor ich die Hand zurückziehen konnte.
Die Alte bog den dünnen Hals vor mit dem schweren Kopf und starrte auf die Blutstropfen.
»Säubern«, sagte sie leise.
Ich zog mein Taschentuch aus der Schürze, wischte die Tropfen vom Schreibtisch und umwand den tropfenden Finger. Vor dem Fenster stand die Hexe und wandte mir den Rücken zu.
Die Hexe war mager und groß, ihre dunkle Gestalt endete unten in zwei spitzen Schuhen, die auswärts gedreht unter dem langen Kleid hervorragten, oben in einem hohen Nest, das sie aus ihren schwarzen Haaren baute und wie einen Korb auf dem Kopf trug.
Die Hexe und die Alte schwiegen. Es war ein sehr langes Schweigen, um einem Zeit zu geben, seine Sünden zu bereuen, sagten die großen Kinder, um einen das Fürchten zu lehren, sagten die kleinen Kinder.
Die Hexe drehte sich mit einemmal um und wandte mir ihr weißes Gesicht zu.
Dann fragte sie ganz rasch: »Wieviel ist zwei und sieben?«
Das Herz klopfte mir im Hals und das Blut im Finger.
»Zwei und sieben ...«, ich stockte.
»Nun?« sagte sie streng. Sie beugte sich vor und ging ein paar Schritte auf mich zu.
In diesem Augenblick gab sie das Fenster frei, und ich konnte *ihn* sehen.
»Hilf mir lieber Gott«, sagte ich zu Ihm mit geschlossenen Lippen und faltete die Hände hinter meinem Rücken.
»Nun?« sagte die Hexe drohend, »was murmelst du?«
»Zwei und sieben gibt neun!« sagte ich mit lauter Stimme.

»Eins und drei?« fragte sie.
»Eins und drei gibt vier«, antwortete ich.
»Eins und sieben?«
»Eins und sieben gibt acht«, sagte ich rasch.
»So«, sagte sie, »so ist das. Du kannst also rechnen.« Ich nickte und schloß die Augen.
»Nun wollen wir sehen, ob du auch lesen kannst«, sagte sie. »Du kannst doch lesen, nicht wahr?«
Ich nickte wieder.
Die Alte klopfte mit dem Zeigefinger. Ich näherte mich dem Schreibtisch. Die Alte öffnete die oberste Schublade des Schreibtisches und nahm ein großes gelbes Blatt heraus und legte es vor mich hin.
»Lies!« sagte die Hexe.
Ich las die Schreibeschrift auf dem gelben Papier, ohne zu stocken.
»Ich war ungehorsam, zur Strafe habe ich auswendig zu lernen ...«, dann aber stockte ich. Zaghaft nahm ich das Blatt vom Schreibtisch und hielt es mit beiden Händen fest.
»Nun«, sagte die Hexe, »lies!«
Ich begann ganz langsam, die fremden Worte zu lesen: »damachté sichauchaufjó sephausgali läa usder –«
»Höre auf«, sagte die Hexe.
Ich ließ das Blatt sinken, es raschelte in meinen zitternden Händen.
Die Hexe ging wieder ans Fenster, stellte sich vor das Fenster und wandte Gott den Rücken zu. Die schwarzen Augen funkelten in ihrem Kopf wie Lichter in einem Kürbis.
Sie hub an zu sprechen, und jede Silbe kam einzeln aus ihrem Munde, abgetrennt von den andern. »Da machte sich auch auf Joseph aus Galiläa«, sprach sie, »aus der Stadt Nazareth, in das jüdische Land, zur Stadt Davids, die da heißt Bethlehem. – Was ist das?« fragte sie, als sie den Spruch beendet hatte.
Ich hatte kein einziges Wort verstanden, die fremden Worte klangen hart, und ich fürchtete mich vor ihnen. Ich schwieg.
»Was ist das?« fragte die Hexe zum zweiten Male.
»Ich weiß es nicht«, murmelte ich.
»Du weißt es nicht«, sagte die Hexe. »Lesen und rechnen

glaubst du zu können, das hat man dich gelehrt, bevor du es in der Schule zu lernen hattest. Du glaubst es zu können und darum bist du in der Schule unbotmäßig, ungehorsam und faul. Aber das Bibellesen, das hat man dich nicht gelehrt. Die Geburt Jesu, die kennst du wohl nicht, die Weihnachtsgeschichte aus der Heiligen Schrift, die hat dir wohl niemand vorgelesen?« sagte sie böse.
»Weihnacht«, sagte ich ganz leise, und es war das erste Wort, das ich verstand von allen Worten, die sie gesprochen hatte.
»Das Bibellesen hat man dich nicht gelehrt«, wiederholte die Hexe mit lauter Stimme. »Aber *ich* werde dich das Bibellesen lehren, auf daß dir der Hochmut ausgetrieben werde und du die Demut erlernen mögest!«
Als ich die Türe des Warteraums aufmachte, wimmelte es auf dem Gang von Mädchen in schwarzen Lüsterschürzen. Sie aßen ihre Brote und Äpfel, kicherten leise und sprachen flüsternd miteinander.
Ich stieß mich durch alle die Schürzen durch, um in die Nähe meines Klassenzimmers zu kommen. Als ich die Kinder, zu denen ich gehörte, vor der Klassentür auf und ab gehen sah, lief ich rasch in den engen Gang, in dem die Mäntel hingen und holte mein Frühstückskörbchen, das auf dem Messinghaken hing.
Ich ging damit auf ein Kind zu, das vor der Klassentüre allein stand. Sie war noch kleiner als ich. Sie war unser Freiplatz, mager, fleißig und brav und hatte immer Hunger.
Ich nahm meine Extrawurstsemmel aus dem Frühstückskörbchen heraus.
»Ich habe keinen Hunger«, sagte ich und gab sie dem Freiplatz.

VII Ausflug

Es war schulfrei: von Samstag mittag bis Dienstag früh.
Ein Heiliger hatte am Montag seinen Feiertag und wir mit ihm. Die Mama war weit weg, am Adriatischen Meer, man brauchte nicht um die Erlaubnis zu zittern, ob man mit

Onki wegfahren durfte. Das Fräulein würde später schreiben, daß ich mit Onki einen Ausflug auf den Semmering gemacht hatte.
Das Fräulein freute sich auf ihren Urlaub.
Das Stubenmädchen Burgi wusch sich die Haare.
Luise badete ihre müden Füße.
Abends packte Luise meinen Koffer. Das schöne rote Samtkleid mit den irischen Spitzen packte sie ein und den Samtmantel und die Hermelinkappe mit dem Hermelinmuff. Viele warme Sachen packte sie ein, die alle aus Wolle waren und unerträglich kratzten, aber Onki würde mich nicht zwingen, sie anzuziehen.
An jenem Samstagmorgen wachte ich schon um sechs Uhr auf. Es war fröstlig im Zimmer, aber mir warm zumute.
Luise hatte alles bereit gelegt: den Matrosenanzug, den dunkelblauen Mantel mit den goldenen Knöpfen, die Matrosenkappe mit den flatternden Bändern.
Als ich gewaschen und gekämmt war, band mir Luise die Halskette um mit dem Medaillon, das ich nur feiertags tragen durfte.
»Das ist eine goldene Ketten«, sagte Luise, »und das Medolan ist auch aus lauter Gold, und das rote Pünktel in der Mitten, das ist ein Rubini.« Luise sprach viele Wörter anders aus, aber nicht einmal Mama hatte etwas dagegen, daß sie Wörter anders aussprach. »Der Herr hats dir geschenkt«, sagte Luise, »der Herr wird schon aufpassen, daß du's nicht verlierst.«
Luise begleitete mich zur Schule und steckte mir im Haustor der Schule ein Paar weiße Handschuhe in die Tasche.
»Für später sind die, wenn du im Salon fahrst«, sagte Luise und zog mir nochmals die Zopfmasche zurecht, »und keine Flecken machen auf den schönen Matrosenanzug, das sind Feiertagskleider, die gehören sich nicht in die Schule!«
In den nächsten drei Stunden mußte ich mein Feiertagskleid unter der Lüsterschürze verbergen.
An jenem Samstag mußte ich nur drei Stunden in der Schule sitzen und durfte schon um zwölf Uhr abgeholt werden. Die Katholiken hatten Religionsstunde von zwölf Uhr bis ein Uhr, und ich war evangelisch.
An jenem Samstag mußte ich nach der Schule nicht nach Hause gehen. Das Fräulein holte mich ab, und wir fuhren

von der Schule aus mit einem Einspänner zur Südbahn, dem freundlichsten Bahnhof von Wien.
Vor dem Wartesaal erster Klasse stand sie schon, die Burgi mit meinem Koffer.
Im Wartesaal wartete Onki. Er saß auf einem gepolsterten Stuhl und stand auf, als wir eintraten, das Fräulein und ich.
Das Fräulein verabschiedete sich. Als sie die Türe hinter sich geschlossen hatte, fing der große Feiertag an.
Ich lief auf Onki zu, er hob mich hoch und küßte mich auf beide Wangen. Sein kurzgeschorener Schnurrbart kratzte auf den Wangen, aber er kratzte ganz anders als die Wolle der Strümpfe, Wäsche und Handschuhe.
Nun gingen Onki und ich Hand in Hand aus dem Wartesaal auf den Perron. Burgi ging hinter uns her mit meinem und Onkis Koffer.
»Heute fahren wir wieder im Salonwagen auf den Semmering«, sagte Onki.
Onki hatte die schönsten Geschäftlichkeiten auf Erden, sein Beruf führte ihn nach Nizza, Aussee, Amsterdam, Triest und Budapest, und ich durfte manchmal mit ihm auf Reisen gehen, wenn Mama es erlaubte.
Burgi beschaute sich mit glänzenden Augen die samtene, spiegelnde Herrlichkeit des Salonwagens und ging erst fort, als ihr ein Kondukteur die Koffer abgenommen hatte. Bevor sie ging, küßte sie Onkis Hand, in der das Trinkgeld für sie verborgen lag, knickste und sprang dann die steile Treppe des Waggons hinunter.
Der Zug hatte auch einen Speisewagen.
Aber Onki ging nicht mit mir in den Speisewagen.
Im Speisewagen essen, das hieß wohlerzogen, brav und still sein, das hieß mit Messer, Gabel, Teller und Glas umgehen wie eine Erwachsene.
Onki ging mit mir durch den Waggon erster Klasse und zweiter Klasse, bis er in einem Waggon dritter Klasse zwei Gangfensterplätze für uns fand.
In der dritten Klasse gab es Holzbänke, wo es nichts ausmachte, wenn Fettflecken auf das Holz kamen, da saßen Leute, wo es nichts ausmachte, wenn sie schimpften.
Onki hatte eine große Aktentasche mit, und kaum saßen wir auf unsern Plätzen, fing er an auszupacken.

Nicht lange zuvor waren Aschantineger auf einer großen Wiener Ausstellung gewesen, und so spielten wir nun das große Aschantispiel. Er packte vier Hühnerbeine aus und einen großen Wecken, den wir als Trommel benützten, um mit den Hühnerbeinen einen Negermarsch darauf zu trommeln. Er warf Wurstscheiben in die Luft, so geschickt, daß ich sie leicht mit dem Mund auffangen konnte. Er schnitt Apfelscheiben ringförmig aus, hing sie sich und mir an die Ohren, und dann rieben wir die Nasen aneinander im Aschantigruß. Zuletzt servierte er in seinem Hut ein Stück Sachertorte, auf die er Roastbeef gelegt hatte.

Wir merkten wohl, daß die Leute im Coupé die Köpfe schüttelten, wir hörten, daß sie sagten: »Hat man schon sowas gehört: sich mit die Eßwaren spieln, das is doch a Schand!«

Wir aber lachten, schrien, trommelten und sangen.

Plötzlich wurde die Coupétüre aufgerissen, und ein großer, starker Kondukteur stand zwischen uns Nasenreibenden.

Ich fuhr erschrocken zurück, und mein Kopf dröhnte gegen die Holzwand, die Apfelscheiben fielen mir von den Ohren.

»Was is denn das für a Lärm?« sagte der Kondukteur kopfschüttelnd. »Was fällt Ihnen ein?«, er wandte sich drohend an Onki, der eine Pariser Wurstscheibe als große, breite Negerzunge aus dem Mund hängen hatte. Onki antwortete nicht und hielt dem Kondukteur schweigend die Fahrkarten hin.

Kaum hatte der Kondukteur die Fahrkarten gesehen, verbeugte er sich und sagte: »Oh bitte, entschuldigen die Herrschaften, die Herrschaften sind falsch, darf ich die Herrschaften im Salonwagen führen?«

Im Salonwagen war es feierlich still.

Wir setzten uns in die großen, weichen Fauteuils und schliefen, vom Aschantispiel ermüdet, bald ein.

Nach kurzer Zeit wurden wir geweckt durch Rufe des Entzückens und der Bewunderung der Mitreisenden, die an den Fenstern standen und die Berglandschaft bestaunten.

Onki stand nicht auf, er winkte mir, nahm mich auf den Schoß und begann zu erzählen. Er wußte, daß ich mich vor den Felswänden und tiefen Gräben fürchtete, aber er sagte nicht: »Fürchte dich nicht!«, er erzählte.

Seine Berichte waren nicht für kleine, unverständige Kinder bestimmt, man mußte versuchen, wie ein Erwachsener zuzuhören, um zu verstehen, was er meinte. Aber auf irgendeine Weise verstand man doch, was er meinte.
Die vielen fremden Wörter, die in seinen Geschichten vorkamen, lehrte er mich von früh auf richtig auszusprechen.
Dann gab es da noch die ›Kern‹-Sätze, die ich meist leicht im Gedächtnis behielt, weil ich sie für Sätze ansah, die meinem Onki gefielen, die er ›gern‹ hatte.
Sooft wir also in der schrecklich schönen Semmeringbahn fuhren, erzählte er die Geschichte dieser wunderbaren und allerersten Bergbahn Europas.
»Wer hätte je gedacht«, so fing die Geschichte an, »daß man über tiefe Schluchten und Abgründe die herrlichsten Viadukte bauen könnte und lange Züge durch das Innere der Felsen rollen würden? Einst gab es nichts als eine Fahrstraße, auf der die Reisenden in ihren Wagen geschüttelt und gerüttelt wurden und die armen Pferde schwere Lasten bergauf zu ziehen hatten. Aber als dann eines schönen Tages der Herr von Ghega kam und seinen Plan zur Erbauung der herrlichen Bahn unterbreitete, da brach ein großes Geschrei unter den Leuten aus.«
Die Fahrt durchs wilde Gebirge dauerte kaum eine Stunde, aber in dieser Stunde erlebte ich von Tunnel zu Tunnel und von Viadukt zu Viadukt alle Stationen der Verzweiflung und des Verkanntwerdens mit, die der unglückliche Herr von Ghega zu durchwandern hatte.
»Die Fuhrleute wollten keine Bahn«, so ging die Geschichte weiter –, »und die Wirte der Wirtshäuser auf der Fahrstraße waren gegen die Bahn. Die Passagiere würden vor Furcht erzittern, wenn sie in einer Bahn über die Schluchten und durch die Höhlen fahren müßten, sagten die Leute.
Der menschliche Körper könne niemals den raschen Wechsel der Höhenunterschiede ertragen, sagten die Ärzte. Keine Lokomotive sei stark genug, um die Lasten bergauf ziehen zu können, sagten die Ingenieure.
Die törichten, bösen Menschen, die immer und immer das Genie verkannten!« rief Onki aus.
Das Wort Genie war noch schwerer auszusprechen als Viadukt, aber ich liebte dieses fremde Wort und stellte mir darunter einen verkleideten Prinzen vor.

Erst kurz vor dem Aussteigen kam die glückliche Wendung in die Geschichte.
Da hieß es: »Aber all den bösen, unverständigen Dummköpfen zum Trotz vollendete der geniale Herr von Ghega sein Prachtwerk. Seine Majestäten, der Kaiser und die Kaiserin, waren die ersten Passagiere, die die Bahn einweihten und das Werk krönten, das in dem Kernsatz gipfelt, der in Stein geschrieben steht: ...«
Und an dieser Stelle sagte ich dann gemeinsam mit ihm auswendig auf: »Franz Josef I., Kaiser von Österreich, ließ für den Verkehr der Personen und Waren das Adriatische mit dem Deutschen Meere verbinden.« Das klang feierlich und trostreich, ich konnte mir wohl ausdenken, wie ich im Falle einer Sintflut einen sicheren Platz für meinen Onki und mich auf dem Semmering finden würde, von dem aus wir, auf dem Trockenen sitzend, zuschauen würden, wie das Adriatische und das Deutsche Meer den Semmering umspülten.
»Und seither«, so schloß die Geschichte, »seit über fünfzig Jahren fahren nun Personen und Waren über den schönen Semmering.«
Auf der Station wartete ein Schlitten auf uns.
Der Kutscher, der uns kannte und begrüßte, packte mich in eine Plüschdecke ein und setzte mich neben sich auf den Bock. Die Fahrt zu dem Semmeringhotel mit den schnaubenden, glöckchenbimmelnden Pferden war viel zu kurz.
Im Hotelzimmer zogen wir uns rasch um, holten die Rodel, die wir ständig im Hotel eingestellt hatten und liefen zu der kurzen Rodelbahn, die gleich neben dem Hotel war.
Bald wurde es dunkel, wir mußten ins Hotel zurück, um uns fürs Abendessen umzuziehen.
Onki half mir beim Umziehen. Er konnte mir den schneebedeckten Rodelanzug über den Kopf ziehen, das rote Samtkleid über meine ausgestreckten Arme und den Kopf über meinen Körper gleiten lassen, den Spitzenkragen um meinen Hals glätten, er war auch wohl imstande die Drucker des Kleides zu schließen, und ich selbst konnte gut mit den Lackstiefeletten umgehen und die glänzenden, schwarzen Knöpfe mit dem Schuhknöpfler einfangen. Nur zum Kämmen und Flechten der Haare und zum Binden der Masche mußte das Stubenmädchen herbeigeläutet werden.
Onki, in dunklem Anzug und grauer Krawatte, die mit

einer schimmernden, tränenförmigen Perle geziert war, nahm mich bei der Hand und führte mich die Treppen hinunter in den großen Speisesaal mit den vielen Tischen.
Im Saal ließ ich Onkis Hand los und ging hinter ihm drein zwischen den vielen Tischen hindurch zu unserm Tisch.
Der Saal war hell erleuchtet von unzähligen Lichtern, mein Kleid hatte eine feuerrote Farbe angenommen, und in den Lackstiefeln glänzten und tanzten die Lichter.
Als wir an unsern Tisch kamen, stand ein Kellner hinter meinem Sessel, auf den er zwei Kissen gelegt hatte. Er wußte, daß ich mich ohne seine Hilfe auf die Kissen schwingen konnte, und als ich oben saß, rückte er den Stuhl mit mir ganz nahe an den Tisch heran.
Onki besah sich die Speisekarte und bestellte. Es gab ein Abendessen ganz ohne unleidliche Gemüse, und ich durfte alles stehen lassen, was ich nicht aufzuessen vermochte.
Ich konnte gut mit Messer, Gabel und Löffel umgehen, sprach nicht mit vollem Munde, und Onki nannte mich bei solchen öffentlichen, festlichen Essen seine kleine Dame.
Als wir nun an jenem friedlichen Abend fröhlich bei Tische saßen und das Gittermuster der Linzertorte betrachteten, kam ein junger Mann durch den Saal geschritten und blieb an unserm Tisch stehen.
Er hatte schwarze, funkelnde Augen und rabenschwarze Haare.
Er verbeugte sich tief, blieb stehen, und Onki forderte ihn nicht auf, sich zu uns zu setzen.
»Was tun *Sie* denn hier?« sagte Onki und schnitt in seine Linzertorte.
»Ich habe Sie gesucht, Herr Doktor«, sagte der junge Mann leise. »Ich muß Sie sprechen, lieber Herr Doktor, ich muß Sie sprechen. Es ist sehr dringlich.«
»Dringlich«, sagte Onki und runzelte die Stirn, »dringlich, das kennen wir.«
»Verehrter Herr Doktor«, flüsterte der junge Mann und näherte seine Lippen Onkis Ohr, »glauben Sie mir, ich kann nichts dafür. Ich schwöre Ihnen, ich kann nichts dafür, dieses Mal kann ich nichts dafür.«
Er hatte zwei Finger erhoben und legte sie rasch auf sein Herz.

»Wenn Sie mir nicht helfen, lieber Herr Doktor, dann ist alles aus.«
Onki hatte sich zurückgelehnt, und sein Ohr war nun weit weg von den flüsternden Lippen des jungen Mannes.
»Wenn Sie mir nicht helfen«, sagte er und stand nun ganz aufrecht da, »ich schwöre, ich schieße mir eine Kugel durch den Kopf . . .«
»Hören Sie auf mit Ihrer Kugel«, sagte Onki ungeduldig.
»Bitte«, rief der junge Mann und faltete die Hände, »bitte, *bitte*.«
Onki schüttelte den Kopf und sagte nach einer Weile: »Also meinetwegen. Um neun Uhr. Seien Sie um neun Uhr in der Halle.« Der junge Mann stieß einen tiefen Seufzer aus, ergriff meine rechte Hand und küßte sie.
»Laszlo ist mein Name«, sagte er, sein trauriges Gesicht strahlte, und seine Augen funkelten. »Ich bin der Laszlo, kleines Fräulein, und ich wünsche wohl zu speisen und schönstes Wetter für morgen.
Auf Wiedersehen, verehrter Herr Doktor«, sagte er und »Viszontlátásra« wiederholte er auf ungarisch und verbeugte sich vor mir.
Als er gegangen war, begannen wir unsre Torte zu essen.
Ich seufzte tief und sagte: »Der arme, arme Laszlo.«
»Ein Falott ist er«, sagte Onki, »ein Nichtstuer, ein Spieler. Seinem Vater zieht er das Geld aus der Tasche. Seiner Mutter bricht er das Herz. Übers Knie legen müßte man ihn und ihn durchhauen trotz seiner zweiundzwanzig Jahre.«
»Onki«, schrie ich auf, »du hast doch noch nie jemanden durchgehaut?«
»Nein, nein«, sagte er, »ich tu's ja auch nicht. Ich werde ihm ja wieder helfen. Aber zum letzten Mal«, sagte er drohend, »es ist zum allerletzten Mal. Ich tu's auch nicht für ihn, ich tue es für seine armen Eltern.«

Als ich in der Nacht aufwachte, war ich allein im großen Hotelzimmer. Das Bett neben mir war leer.
Auf dem Nachttisch leuchtete die Lampe.
Onki hatte mich in den Schlaf gesungen, bevor er weggegangen war. Ich würde ihm morgen nichts davon sagen, daß ich aufgewacht bin, daß ich mich fürchte.
Ich könnte läuten und dem Stubenmädchen sagen, ich hätte

Durst, ob sie mir Wasser bringen könnte. Aber vielleicht würde er davon erfahren und denken, ich hätte mich gefürchtet wie ein kleines Kind.
Man war doch kein kleines Kind mehr, wenn man mit ihm auf Reisen ging. Er war im Haus, ganz sicher war er im Haus... unten in der Halle mit dem Laszlo... der Laszlo soll sich nicht wehtun mit einer Kugel... er wird ihm helfen, zum aller-, aller-, allerletzten Mal helfen...

Als ich wieder aufwachte, war es stockdunkel.
Die Lampe auf dem Nachttisch war ausgelöscht.
Ich spürte, daß meine Hand von Onkis Hand umschlossen war.
Er lag im Bett neben dem meinen und atmete.
Ich hoffte, daß es schon Morgen sei trotz der Dunkelheit.
Ich zog seine Hand an meine Augen und begann sie mit den Wimpern zu betupfen.
Nach einer kurzen Weile wachte er auf, nieste und rief: »O du schlimmes Schlimpimperl mit die schwarzen Wimperl.«
Er drehte die Lampe an, sah auf die Uhr, sprang aus dem Bett und zog sich rasch den Schlafrock an. Er ging zur Türe, knipste das helle Licht in der Zimmermitte an.
Und dann begann das Morgenspiel.
Ich warf mit Pölstern, er riß die Leintücher aus dem Bett und benützte sie als Lasso, er kroch in den Kasten und ich unters Bett, und bis wir uns wieder gefunden hatten, bedeckten oft Scherben unsre Wege: zersplitterte Gläser, manchmal eine zerbrochene Lampe oder gar ein zersprungener Waschkrug waren zu bezahlen.
Nach dem Spiel gab es: kurzes Waschen, hastiges Kämmen, ein schnelles Frühstück.
Dann liefen wir weg, fort vom Hotel, stürmten keuchend im Wettlauf, die Rodel hinter uns herziehend, auf die hohen Rodelbahnberge, sausten die langen, steilen Bahnen in rasender Fahrt hinunter und fuhren am Ende mit aller Gewalt in einen Schneehaufen hinein, so daß die Rodel darin stecken blieben und wir in Purzelbäumen über den Schnee rollten.
Auf flachen Wegen spielten wir Eisläufer, Onki und ich schlitterten zum Ärger der Fußgänger auf den vereisten Promenadewegen. Er spielte den Hinfaller und ich die

Bogenläuferin. Ich mußte ihm immer wieder aufhelfen, wenn er hingefallen war, dabei fiel ich oft selbst hin, und wenn wir genug gefallen waren und uns alle Glieder wehtaten, dann erfanden wir ein neues Spiel.
Onki hängte unsre Rodel heimlich an einen gemieteten Pferdeschlitten, und wir ließen uns »kostenlos spazierenfahren«, wie er es nannte.
Ans Mittagessen vergaß er, und ich erinnerte ihn nicht daran, man konnte solches Spielen nicht durch Essen unterbrechen.
Am frühen Nachmittag fiel uns der Hunger ein, und es gab eine große Jause.
Onki bestellte sich braunen Kaffee mit weißem Schlagobers, und ich trank heiße Schokolade. Dazu aßen wir Guglhupf und frische Krapfen, und ich bekam noch obendrein mein Lieblingsbrot mit Sardellenbutter. Von der Jausenstation fuhren wir in einem bestellten Schlitten zum Hotel zurück.
»Wie schön die Gegend ist«, sagte Onki.
Ich aber gähnte und hatte kalte Füße.
Onki zog mir Schuh und Strümpfe aus, rieb mir die kalten Füße mit seinen warmen Händen und wickelte mich in die Schlittendecke ein. Als wir zum Hotel zurückkamen, waren aller Kälteschmerz und alle Müdigkeit vergangen.
Wir spielten Schwarzer Peter, und dann kam: umziehen – kämmen – abendessen – schlafengehen – schlafensingen – einschlafen – aufwachen – fürchten – schlafen – träumen – aufwachen – spielen – spielen – spielen –
Es war immer dasselbe, das schöne, herrliche Selbe, ohne Aufhören, ohne Ende.
Aber dann kam das Rechnen. Und als ich rechnen konnte, rechnete ich: ein ganzer Tag, ein dreiviertel Tag, ein halber Tag – und noch ein Viertel Tag ist gleich ein ganzer Apfel, ein dreiviertel Apfel, ein halber Apfel und nur mehr ein Viertel Apfel, und wenn das letzte Viertel Apfel aufgegessen ist, dann ist kein Apfel mehr da und man muß bitterlich weinen, weil nichts mehr da ist, weil alles vorbei ist.

Auf der Heimfahrt saßen wir in einem Coupé zweiter Klasse.
Der Salonwagen fuhr nicht mit diesem Zug.
Die Leute standen in den Gängen. In den Coupés saßen enggedrängt mehr Leute, als Plätze da waren. Es roch nach

nassen Kleidern, Äpfeln, Zeitungen und dem Gaslicht, das oben auf dem Plafond grünlich leuchtete und zischte.
Die Leute im Coupé lasen Zeitung, schauten vor sich hin, schliefen und schnarchten.
Ich saß auf Onkis Schoß, hatte den Kopf an seine Brust gelegt und hörte seinem Atmen zu. Eine Weile noch, dann würde er einschlafen und dann ist er weit fort, und ich bleibe ganz allein zurück.
Der heilige Montag war zu Ende, es gab nichts mehr, worauf man sich freuen konnte. Das Gaslicht flackerte traurig, wie die letzte brennende Kerze am Weihnachtsbaum.
Fünf Tage Schule bis zum nächsten Sonntag, fünf Tage: aufstehen – aufstehen – rechnen – schreiben – Spinat essen – aufpassen – schweigen – stillsitzen – stillsein – Die Traurigkeit war so groß, daß man nicht weinen konnte. Es tat weh in Hals, Ohren und Stirn.
Ich versuchte, mich in Onkis Rock zu verkriechen.
»Frierst du?« fragte er. Er nahm seinen Mantel, wickelte mich darin ein und legte beide Arme um mich.
Der Mantel wärmte, die Arme hielten mich, ich preßte mein Ohr ganz fest an seine Brust, sein Atem klang wie ein Einschlaflied.
Da plötzlich – halb im Einschlafen – stellte ich aus meiner warmen Umhüllung eine Frage, die ich nie und nimmer hatte fragen wollen.
»Onki«, sagte es aus mir heraus, »Onki, bist du eigentlich mein Vater?«
Die Zeitungen senkten sich, die Leser räusperten sich, und die vor sich hingeschaut hatten, begannen zu lachen. Die Schläfer wachten auf, die Frage wurde einige Male wiederholt, und mein Onki sagte verlegen: »Nein, nein – das weißt du doch –«, und dann lachte er mit.
Das Lachen der Leute war schrecklich, kichernd und schrill, ganz eben so, wie wenn man in der Schule ob einer dummen Antwort ausgelacht wurde. Es schien nicht aufhören zu wollen, das Lachen.
Ich aber wurde zornig und schrie vor Traurigkeit wie ein kleines Kind.
Onki wiegte mich auf den Armen wie ein kleines Kind.
»Psssss–SSSSS«, summte er.
Vielleicht summte er auch die anderen Leute damit wieder

zur Ruhe. Sie hörten langsam auf zu lachen, einige schliefen wieder ein, andre aßen Äpfel und lasen Zeitung.
Ich hörte die Zeitungen knistern, das Kauen und Mantschen der Äpfel zwischen den Zähnen, das Zischen des Gaslichts und das Atmen meines Onki.

VIII Der Mann im Fenster

Als ich fünf Jahre alt war, bekam ich ein Fräulein, das hieß Mademoiselle.
Sie war fein und klein, ihre Haare waren rabenschwarz, ihre Hände weiß, mit langen Fingern zum Zeigen und Deuten.
Sie lief durchs Zimmer, holte Dinge von den Etageren, nahm Bilder von den Wänden, legte sie auf den Tisch. Sie zog zwei Stühle an den Tisch heran, stellte sie dicht nebeneinander, wir kletterten auf die Stühle, wir knieten auf den Stühlen, sie deutete auf die Dinge, die auf dem Tisch lagen und standen und gab ihnen Namen. Die Worte, die aus ihrem Munde kamen, waren rund wie Seifenblasen und weich wie warmes Wachs.
Sie nahm mein Gesicht in ihre beiden Hände und hauchte ihre Worte auf meine Lippen, ich brauchte meine Lippen nur zu bewegen, um dieselben Worte zu formen.
Die Kleider, die sie trug, waren hellgrün, lila, blau, sie roch fast so gut wie meine Mutter, nur anders.
Manches Mal faßte sie mich, neigte sich zu mir herunter, daß sie bald so klein wurde wie ich, dann drehte sie sich und mich und sang dazu:
»Sur le pont d'Avignon on y danse tout en rond –«
Dann richtete sie sich auf, hielt mich ganz fest an beiden Händen und drehte sich und mich, daß ich an ihren Händen durch die Luft flog und meine Füße den Boden nicht mehr berührten.
Zuletzt sank sie auf einen Stuhl, nahm mich auf den Schoß und sang sehr leise das Lied von der Schwalbe:
»Si j'étais une hirondelle ...
mais l'amour m'y cause bien des peines ...«

Diese Worte weiß ich noch aus dem langen Lied, und am Ende weinten wir beide bitterlich.
An ihrem Arm hing stets ein großer seidener Pompadour und manchmal öffnete sie ihn ein wenig, um gezuckerte Veilchen hervor zu holen, für mich zur Belohnung. In dem Pompadour raschelte es und knisterte es, aber wenn ich hineinsehen wollte, zog sie rasch die geflochtenen Schnüre des Beutels zu, so daß er ganz runzelig und dick aussah, drückte ihn an die Brust, schüttelte den Kopf und flüsterte: »Oh non – non, non – ah non...«
Plötzlich war sie weg, ganz und gar verschwunden.
»Wo ist meine Mademoiselle?« fragte ich Luise.
Luise murmelte: »Viele Briefe, große Reisen«, und wiegte den Kopf, als würde sie zu ihren dunklen, bunten Karten sprechen, die ihr alles sagten, aus denen sie alles wußte.
Ich fürchtete mich, meine Mutter zu fragen, wo ist meine Mademoiselle?
Aber meine Mutter sagte, ohne daß ich sie gefragt hatte: »Mademoiselle ist fort, weine nicht, sie kann nicht wiederkommen.«
»Ist meine Mademoiselle krank?« fragte ich Burgi.
Burgi wurde rot, versteckte das Gesicht in ihren großen Händen, lachte und lief aus dem Zimmer.
»Warum ist sie garnicht mehr da?« fragte ich Onki und war dem Weinen nah.
Onki lächelte und fragte: »War sie nicht lustig, deine Mademoiselle?«
Ich nickte.
»Weil sie lustig war und jung und zu hübsch für eine Mademoiselle, drum ist sie fort, ganz weit fort, wo es ihr gut geht und wo sie immer lustig sein darf«, sagte Onki. »Und wenn du groß bist und eine große Reise machst, dann wirst du sie vielleicht einmal wiedersehen und dann sagst du ›Bonjour Mademoiselle‹...«
Er nahm meine Hand und klopfte mit seiner auf meine Hand, bis mir das Weinenwollen verging.

Und dann blieb ich bei Luise, und sie wachte über mich und beschützte mich, bis ich zur Schule mußte.
Luise brachte mich auch noch jeden Morgen zur Schule, aber abgeholt von der Schule wurde ich von einem Fräulein.

Sie war keine Mademoiselle und nur am Nachmittag, beim Spaziergang im Park, sprach sie französisch mit mir.
Das Fräulein war dick und klein und alt. Sie hatte einen Zwicker auf der Nase, und ihre Augen tränten, als ob sie immer und ewig Schnupfen hätte.
»Sie ist eine Witwe«, sagte Luise, »und der Knabe ist elf Jahre und er hat einen Freiplatz in der großen Kadettenanstalt«, sagte Luise, »braver Kadett ist er.«
Das Fräulein zeigte mir oft das Bild ihres Knaben und sagte, er sei brav und fleißig und ein Vorzugsschüler, und ich konnte sein Bild nicht leiden. Ich konnte auch sie nicht gut leiden. Sie hatte Angst vor meiner Mutter, sie sprach leise und ängstlich mit Luise und sie konnte keine rechten Antworten geben, wenn Burgi und ich frech zu ihr wurden.
Dieses Fräulein hieß Frau Reich, und Luise sagte, »daß ein Mensch Reich heißt und so arm ist.«
Jeden Monat einmal packte Luise ein Paket für Frau Reich, da waren Wurst- und Schmalzbrote in dem Paket. Sie gab es Frau Reich, die brachte es ihrem Knaben in die Kadettenanstalt.
Nach jedem dieser Besuche war Frau Reich traurig, und es blieben noch mehr Tränen liegen in den Gräben unter ihren Augen.
Frau Reich konnte nicht laufen, wohl weil ihre Kleider zu schwer waren, sie sprach wenig und langsam und nur beim Beten konnte sie rasch sprechen.
Burgi war fromm, und Luise war noch mehr fromm und sagte immer: »Fromm sein muß der Mensch, sonst wird nichts aus dem Menschen.«
Aber noch mehr fromm war Frau Reich.
Oftmals ging sie aus meinem Zimmer in das dunkle Vorzimmer hinaus, kniete sich hin vor einem der großen Kleiderkästen meiner Mutter, verwickelte die Hände ineinander, daß die Gebeine knackten und jammerte. Ich sah ihr manchmal zu, bis Luise kam, mich von der Türe wegschob, hinein in mein Zimmer.
»Brav sein mußt du«, sagte Luise, »nicht zuschaun darf man, wenns Fräulein betet.«
Dann kam ein Nachmittag, da saß ich in meinem Zimmer, sah die Bilder an in meinem Lesebuch und hörte das Fräulein im Vorzimmer murmeln und wimmern.

Plötzlich läutete es dreimal, das war das Zeichen, daß meine Mutter vor der Wohnungstüre stand.
Ich hörte Burgi zur Türe laufen, ich sah das Fräulein, so rasch es konnte, in mein Zimmer gehen und sich auf einen Sessel setzen, als sei sie immer dort gesessen. Sie sprach kein Wort und putzte und wischte ihr Gesicht wie einen Fußboden.
Ich hörte meine Mutter, ich hörte Gäste, ich hörte sie reden und lachen im Vorzimmer. Dann wurde es ganz still, und bald zog der Geruch von Kaffee und warmer Milch in mein Zimmer.
Später kam Luise, sie trug auf einem Tablett zwei Teller, und auf jedem war ein Stück schwarzer Torte. Ich sah, wie die Teller zitterten, als das Fräulein die Teller vom Tablett nahm.
Luise stand ganz nah beim Tisch und sprach leise zu dem Fräulein.
»Fürchten braucht man sich nicht«, sagte Luise, »wenn man nicht schlecht ist. Beterei ist keine Schlechtigkeit. Aufs Kind müssen Sie Obacht geben, dadrum sind Sie hergestellt. Schön Obacht geben und immer drauf denken: der solche tut so beten und der solche tut so beten und drum dürfen Sie nie nicht« – Luise hob drohend den Zeigefinger –, »überhaupt nicht einmal das Kind mitgehn lassen in unsre Kirchen.«
Luise schnitt ein Stück der schwarzen Torte ab, schob es mir in den Mund, rieb mir die Wange mit ihrer Hand.
Ich hielt den Finger fest, der dem Fräulein gedroht hatte.

Übers Jahr fing das Unglück an.
Der Kadett bekam Scharlach.
Das Fräulein durfte ihn nicht besuchen. Das Fräulein hatte nasse Augen, eine rote Nase und schneuzte sich den ganzen Tag lang.
An einem Nachmittag, vor dem täglichen Spaziergang, wurde das Fräulein ins Vorzimmer zum Telephon gerufen. Sie sagte: »Ja – ja – ja« ins Telephon, »ich bin es, bitte – bitte – wie bitte«, und wieder »ja – ja – ja –« und dann fiel ihr das schwarze Ding aus der Hand und baumelte am Strick.
Das Fräulein fiel in die Knie und schlug ihren Kopf gegen den Kleiderkasten meiner Mutter, immer wieder.

Luise kam herbei und hielt ihr den Kopf fest. Das Fräulein heulte wie ein Hund in der Nacht. Luise stand hinter ihr, und der Kopf des Fräuleins war fest in Luisens Schoß gepreßt.
»Still sein«, sagte Luise, »schön still sein. Braucht noch nicht alles zu End sein, wenn Sie ihn auch versehen müssen. Bei so Kinder kann immer ein Wunder geschehen, s' Fieber geht hoch und immer höher, bis daß es sich überschlagt und dann fallts wieder zurück. In Namiest, da war ein Kind, so ein Mädel, zehn Jahre alt war sie und hat Scharlach gehabt, und das Fieber ist so gestiegen, daß es übers Thermometer hinausgesprungen ist. Da haben sie dem Kind die Zöpf abgeschnitten und die Haar ganz kahl abgeschoren wie bei die Nonnen und dann haben sie einen Kübel genommen mit kaltem Wasser und dann haben sie den ganzen Kübel über den heißen Kopf geschüttet. Das Kind hat geschrien, daß es ein jeder in Namjescht gehört hat überall, und dann ist es umgefallen und hat nicht reden können, viele Monate nicht. Aber die Hitzen ist wieder zurückgestiegen ins Thermometer und immer kälter geworden und immer tiefer hinuntergerutscht, bis überhaupts kein Fieber mehr da war. Das Kind ist gesund geworden und hat auch sprechen können später, langsam schon und schwer schon, aber sonst war alles gut mit ihr, geheiratet hat sie, acht Kinder hat sie, alle am Leben. Wunder gibts immer«, sagte Luise, stellte das Fräulein auf, beutelte es und bürstete ihren Mantel ab.
»So«, sagte Luise, »jetzt gehn Sie mit dem Kind in Stadtpark schön in der Sonne spazieren und tun alles einatmen, was von die Bäume weht und was von die Blumen her riecht, das ist gesund, und heute abend koch ich Paprikaschnitzel und hernach ist noch eine Linzertorten da und dann tun Sie schön essen, weil der Mensch muß essen, wenn er in Kümmernis ist!«

Das Fräulein ging nicht mit mir in den Stadtpark. Wir gingen den andern Weg, den Schulweg hinauf bis zur Kirche.
Vor dem Eingang der Kirche ist alles hell vor lauter Sonne, und in der Kirche ist dunkle, gute Nacht.
Sie ist groß die Kirche, so groß wie die ganze Welt, und in

ihr stehen Bäume aus Stein, so hoch, daß ich nicht sehen kann, wo sie zu Ende sind.
In der großen Kirche kniete das kleine Fräulein und duckte sich vor einem Bild. Es waren viele Kerzen vor dem Bild, und es duftete nach Weihnachten.
Das Fräulein hatte meine Hand losgelassen, weil sie den Perlenkranz in ihren Fingern bewegen mußte. Die braunen Holzperlen zogen durch ihre Finger, eine nach der andern. Das Fräulein betete und weinte und hatte mich vergessen.
Ich ging weg von ihr, immer tiefer hinein in die dunkle Kirche, und fürchtete mich nicht.
Ich mußte auf Zehenspitzen gehen, der Steinfußboden klatschte, wenn man die Schuhe fest drauf setzte.
In meiner Kirche sind rauhe Teppiche auf dem Boden, da hört man das Gehen nicht, und niemandem wird kalt.
Sonntags muß ich manchmal zur Kirche gehen, singen, sitzen und zuhören. Meine Kirche ist hell wie ein großes Zimmer mit vielen Fenstern, und nur ein einziger Jesus hängt an der Wand.
In der großen Kirche stehen und wachen viele Männer und Frauen aus Stein, da sind viele Bilder mit Frauen und Männern in Samt und Seide, in Silber und Gold, und immer ist die Jesusmutter unter ihnen mit dem kleinen Kind. Das Kind sitzt auf ihrem Arm oder auf der Mutter Schoß, es sieht freundlich drein, als könne man mit ihm spielen.
Ganz weit weg flackerten Kerzen hier und dort, Stimmen murmelten, silberne Glöckchen läuteten, und die Luft war ganz nah und fest und steif von schweren, starken, unbekannten Gerüchen.
Die Kirche war wie eine große, herrliche Höhle, vielleicht wie die im Untersberg, in der der alte Kaiser Karl hauste. Die Felsenöffnung hatte sich geschlossen, ich durfte in der Höhle bleiben, vielleicht an die hundert Jahre lang.
Ich brauchte nicht mehr essen, nicht mehr schlafen, ich durfte von nun an in der Höhle herumwandern und alles sehen, was ich zu sehen verlangte.
Ich hüpfte voller Geheimnislust in der Höhle umher, ich schlüpfte von Baum zu Baum, ich flüsterte, ohne die Hände zu falten: »Lieber Gott, laß mich bitte das Ende der Bäume sehen.«
Ich legte den Kopf weit zurück, um ganz nach oben schauen zu können, aber da wurde der Kopf so schwer wie

ein schwerer Stein und zog mich nach unten, bis ich auf dem kalten Steinboden lag.

Ich stand geschwind auf und lief fort. Der Kopf tat wenig weh, und nun wollte ich erst recht das Ende der Bäume sehen.

Ich lief weiter und weiter, bis ich vor einem Gitter stand, einem Zaun, der um einen der steinernen Bäume gestellt war.

Ich hielt mich fest an dem Zaun mit beiden Händen und nun konnte ich den Kopf ganz weit zurückbiegen, und der Kopf konnte mich nicht mehr zu Boden ziehen.

Aber wieder sah ich nicht das Ende des Baumes, denn als ich hinaufschaute, sah ich drei Männer über mir.

Sie waren uralt, und der eine im Hut sah streng drein. Die drei Männer schauten nicht auf mich herab, sie spähten in die Kirche, jeder aus seinem Nest. Vor dem im Hut fürchtete ich mich. Ich ließ den Zaun los und schlich mich fort von den Männern.

Hinter dem steinernen Baum, an dem die Nester der Männer hingen, fand ich eine Stiege. Die Stiege war verschlossen durch eine Gittertür, und als ich die Tür anrührte, sprang sie einen Spalt weit auf. Ich schlüpfte durch den Spalt auf die Stiege und nun stand ich auf der Stiege. Die drehte und wand sich um den Baum, und es war gewiß, daß man nur tausend Stufen zu steigen brauchte, um über alle Bäume hinaus ins Ende der Kirche zu kommen. Unter dem Geländer der Stiege drehten sich große, steinerne Räder und ich traute mich nicht, in ihre Speichen zu greifen.

Als ich anfing, die ersten Stufen auf der Zaubertreppe hinaufzusteigen, fing ich an zu zittern, und das Herz klopfte mir in beiden Ohren.

Ich wollte mich festhalten am Geländer, aber es war schwer, das hohe Geländer zu fassen.

Und dann lag die Hand auf dem Geländer, und dann kam der große Schrecken über mich: ich konnte keine Hand mehr rühren und keinen Fuß mehr rühren, nicht rufen, nicht schreien, nicht weinen, und es war alles kalt, ich war verhext und ich mußte nun stehen bleiben unter den steinernen Frauen und Männern um mich her bis in alle Ewigkeit.

Meine Hand lag weit weg von mir auf einer Kröte, und um sie her wimmelte es von Drachen, Kröten und Schlangen, die auf dem Geländer liefen, sich stießen und krochen: hin und her und her und hin und auf und ab.

Die Hand lag unter den Tieren, und ich äugte auf die Hand, ob die Tiere sie wohl auffressen würden?

Plötzlich aber wie mit einem Schlag, wurde die Hand vom Geländer geschleudert und baumelte an meinem Arm. Die Füße konnten sich wieder bewegen, und ich stieg rücklings die Treppe hinunter, Stufe um Stufe, bis ich ans unverschlossene Gittertor stieß und spürte, daß die Stiege mich losgelassen hatte und nicht mehr halten durfte.

Und dann stand ich wieder vor dem Zaun, über dem die drei Männer hausten.

Aber jetzt sah ich jemanden, den ich vorher nicht gesehen hatte. Hinter dem Zaun, ganz nah von mir, war ein Fenster, und in dem Fenster war ein Mann.

Er hatte das Fenster halb geöffnet und sah mich an. Er war aus Stein, er konnte die Lippen nicht bewegen, aber ich verstand jedes Wort, das er sagte.

Er war nicht böse auf mich, aber er meinte, ich hätte die Stiege nicht betreten sollen und das Geländer nicht angreifen dürfen und dafür sei ich gestraft worden.

Er sah mich lange und ernst an, und ich wußte, daß er es gewesen war, der sein Fenster zur rechten Zeit geöffnet hatte, um mich mit seinem Stab, den er in der Hand hielt, zu entzaubern und von den Tieren und der Stiege zu erlösen.

Der Mann im Fenster meinte, ich brauchte mich vor den uralten Männern nicht zu fürchten und ich hätte nicht vor ihnen davonlaufen sollen.

Er gebot mir, hinaufzuschauen zu ihnen.

Da sah ich noch einen andern Mann, neben dem Strengen im Hut. Der trug eine Nikolomütze und sah freundlich aus seinem Nest. Dicht aber über seiner Mütze hing das furchtbare Geländer, ein kleiner Hund stand jetzt auf dem Geländer und trieb die bösen Tiere zurück, sie durften ihm nichts zuleide tun, dem Nikolo.

In der Kirche solle man beten, sagte der Mann im Fenster zu mir und nicht müßig umherlaufen und nicht neugierig sein, auf daß man nicht auf verbotene Stiegen gerate und sich zu Tode fürchten müsse.

Er winkte mir zu, und ich dachte, er wolle nun das Fenster schließen. Ich beugte die Knie tief ab, um ihn zu grüßen und

dankte ihm. Ich ging fort von ihm und als ich schon weit weg war, drehte ich mich noch einmal um und sah ihn noch immer in seinem Fenster. Lange Locken fielen auf sein Gewand, er hatte einen schönen runden Hut auf, sein Gesicht war traurig und bekümmert, und ich wußte, daß ich wiederkommen dürfe zu ihm.
Ich suchte das Fräulein bei den Kerzen.
Sie war fort.
Ich tat die Hand unter eine der hohen weißen Kerzen. Das heiße Wachs tropfte, und die Hand wurde eingehüllt in weiches, warmes Wachs.
Und dann wurde ich zurückgerissen, fort von den hellen Lichtern. Das Fräulein war hinter mir und zerrte mich ins Dunkle.
Sie schüttelte mich und hielt sich an mir fest.
»Niemand darf uns sehen«, keuchte sie, »niemand darf dich sehen. Alles verliere ich«, stöhnte sie, »ich bin verloren. Schwöre«, flüsterte sie mit erhobenen, bittenden Händen, »schwöre, daß du es niemandem auf Erden sagst.«
»Ich schwöre«, sagte ich und ich war groß genug und alt genug, um zu wissen, daß ich nichts von der großen Kirche sagen durfte, nicht davon sprechen durfte: zu niemandem niemals auf Erden...
Wir gingen zum Ausgang der Kirche.
Neben dem Tor hing eine Schale in der Wand, in die tauchte sie ihre Finger und benetzte ihre Stirn.
Draußen vor dem Tor war alles hell vor lauter Sonne.
Sie faßte meine Hand, ihre Finger waren naß, auf ihrer Stirne glitzerte das Wasser, auf ihrer breiten, alten Tasche glänzten Tropfen, die aus den Gräben unter ihren Augen übergelaufen waren.

IX Die Leiter

Die Mama war in Lovrana, der Onki war in Nizza, die Luise war im Bett. Dem Fräulein wurde ins Garderobezimmer der Mama ein Sofa hingestellt. Inmitten der hohen, dunklen Kästen mußte sie schlafen, weil Luise sehr krank war. Luise

hatte hohes Fieber, und ihr Husten fauchte durch die ganze Wohnung.
Frau Reich mußte ihr Tag und Nacht Umschläge machen, Medizinen einlöffeln und Brusttee kochen.
Viel mehr als Tee kochen konnte Frau Reich nicht, und Burgi konnte überhaupt nicht kochen, und so lebten wir eine ganze Woche lang nur von Wurst und Tee und Schokolade und brauchten garnichts Warmes zu essen.
Die Burgi schlief in meinem Zimmer, Madeleine schlief bei mir im Bett. Die Burgi und ich durften nicht einmal auf dem Gang stehen vor Luisens Zimmer, das hatte der Arzt verboten, und die Frau Reich durfte nicht in mein Zimmer, weil auf ihren Kleidern die Backzillen von der Luise sitzen, sagte Burgi.
Wir standen aber doch auf dem Gang, ich und die Burgi, ganz nah vor Luisens Tür, im Dunkel versteckt.
Und einmal hörten wir Luise sagen: »Aufpassen müssens, aufpassen, daß unser Kind nicht krank wird. Ja nicht nah gehen dem Kind. Jetzt sind Sie noch ausgelassen worden, weil das so ist: die Krankheit ist aus Ihrem Knaben hinausgeschloffen und in mich hineingeschloffen und vielleicht tut sie noch in Sie hineinschliefen – das wär immer noch besser, als wenn sie das Kind derwischen täte.«
Ich faßte Burgi am Arm, so fest, daß die leise aufschrie.
Da ging die Türe auf, und aus Luisens Zimmer kam das Fräulein. Sie trug ihre Brille in der Hand und konnte uns nicht sehen. Wir preßten uns an die Wand, damit ihr Kleid uns nicht streifen konnte und schauten auf ihr Kleid.
Als das Fräulein den Gang zu Ende gegangen war und die Küchentüre hinter sich geschlossen hatte, liefen wir in mein Zimmer.
»Hast du die Pünkterln gesehen?« fragte Burgi.
»Lauter weiße Pünkterln«, sagte ich, »alle auf dem Rock.«
Burgi lief zur Türe und sperrte sie ab. »So«, sagte sie, »jetzt können die Backzillen nicht hereinfliegen, auch wenn sie möchten.«
Das Fräulein pflegte die Luise eine ganze Woche lang, von einem Dienstag bis zum andern Dienstag.
Ich lebte mit Burgi allein, eine ganze Woche lang, es war eine lustige Woche. Wir spielten um den Tisch herum Fangen, wir schlugen Purzelbäume auf dem Teppich, wir schrien und lachten und mußten aufpassen, daß Luise und das Fräulein uns nicht hörten.

Einmal war Burgi unter den Tisch gekrochen, ich hatte sie an den Haaren gepackt, ihr Nest löste sich auf, und als sie unter dem Tisch wieder hervorgekrochen war und aufstand, hingen ihr zwei Zöpfe fast bis zu den Füßen herab. Burgi wurde rot, lief zum Spiegel und rollte die langen Zöpfe zu immer kleineren Kreisen zusammen, so daß sie wieder im Nest lagen: von der Stirne bis zur Kopfmitte.
»So schöne Zöpfe hast du, Burgi«, sagte ich, »die kann man sonst garnicht sehen.«
»Pssssst«, mahnte Burgi, »das darf die Luise nicht hören. Die Luise, die sagt immer: ein Mädel soll nie glauben, daß es hübsch ist, arbeiten soll es und brav sein und an nichts Schlechtes denken.«
Das hatte ich Luise oft sagen hören, und einmal, da hatte sich Burgi getraut zu fragen: »Aber wenn einem ein Mann sagt, daß man hübsch ist? –«
»Das darf man überhaupts nicht glauben«, hatte Luise gesagt und sehr böse dreingeschaut, »ein Mann, der einem Mädel sagt, daß sie hübsch ist, der meints nicht ernst und der wird sie garnie heiraten, und dann steht das Mädel da.«
Ich hatte mir das alles gemerkt, was Luise gesagt hatte, und was die Burgi gesagt hatte.
Jetzt aber war die Luise krank und weit weg und konnte uns nicht hören, und drum sagte ich trotzig zur Burgi: »Du bist hübsch, Burgi.«
Burgis blaue Augen glänzten, und ihre roten Wangen waren rot wie die Äpfel im Korb der Stiefmutter vom Schneewittchen, und als ihre Stirn auch rot wurde, schlug sie die Hände vors Gesicht. Dann beugte sie sich rasch zu mir herab und küßte mir die Hand.
Am Sonntag mußte mich Burgi zu den Hubers bringen. Ich war dort zum Mittagessen eingeladen.
Der Tag fing warm an.
Ich schlief lange, keine Burgi, keine Luise weckte mich.
Die Burgi hatte ich nicht aufstehen gehört.
Ich wachte erst auf, als sie hereinkam mit dem Holz in den Armen. Ich hielt die Augen fest geschlossen und wartete auf die Wärme.
Burgi kniete vor dem Ofen nieder und holte mit einem leise kratzenden Geräusch die Asche heraus. Dann nahm sie das dünne Holz aus ihren Armen, legte es in die Öffnung,

rieb das Zündhölzchen an der Reibfläche, zündete das Bündel an und schloß die innere Gittertür des Ofens.
Ich blinzelte ein wenig und sah Burgi auf der Erde hocken in ihrem hellblauen Kattunkleid. Sie starrte beschwörend auf den Ofen, bis ein roter Schein ihr frischgewaschenes, geputztes Gesicht beleuchtete. Die Holzstücke knackten, und als sie größeres Holz auflegte, krachte es wie weit entferntes Schießen. Und wenn die ersten Kohlen in den Ofen geschoben wurden, war es Zeit.
Dann stellte sich Burgi wochentags vor mein Bett auf und sagte: »Aufstehn, es ist schon spät!«
Das sagte sie jeden Morgen, die ganze Woche lang, und wenn ich dann die Decke über den Kopf zog und nichts hören wollte, dann rief sie die Luise, damit die sagte: »Der Mensch muß aufstehn«, und das war ein Gebot.
Aber heute war Sonntag, und Burgi sagte nicht »aufstehn« und »spät«. Die Wärme rollte in Wellen durchs Zimmer, ich spürte ihren Schaum auf Nase und Mund und konnte sie mit meinen kalten Fingern greifen. Burgi brachte mir Tee und Wurst ans Bett, sie stellte sich an mein Bettende und erzählte von den Kühen, den Schweinen, den kleinen Brüdern, vom Vater und von der Mutter. »Bei uns daheim ists immer warm«, sagte sie und schüttelte sich, als ob es ihr kalt wäre. »Wenn die Brüder nicht wären, müßt ich nicht dienen gehen.«
Sie seufzte, faßte mich an den Händen, so daß ich mit einem Sprung auf die Füße in meinem Bett zu stehen kam und nur einen Hupf wie mein Frosch tun mußte, um vom Bett auf den Teppich zu springen.
Burgi ging mit mir ins Badezimmer.
Dort stand ein Turm, zusammengesetzt aus einem kupfernen Oberteil, in dem das Wasser war und einem Unterteil, dem Wärmeofen, den Burgi schon angezündet hatte. Die Gasflammen zischten und surrten.
In der Mitte des Ofens befand sich ein drehbarer Gashahn, an dem die Flamme entzündet wurde. Wenn die Burgi den Gashahn mit dem Zündhölzchen angezündet hatte und die blaue Flamme in den Kupferturm drehte, gab es einen furchtbaren Knall. Burgi und ich sprangen zurück und warteten, daß der Kupferturm in tausend Stücke zerspringen würde: wir sahen das Badezimmer in die Luft fliegen, das Haus

brennen, wir hörten die Luise schreien, den Hausmeister brüllen, die Feuerwehr trompeten und Schaudern, Leben und Bewegung in den dumpfen, dunklen Morgen bringen.
Heute aber war Sonntag, und die Burgi und ich gaben uns wenig Mühe mit dem Zurückspringen beim Knall.
Als ich mich gewaschen und die gewärmte Unterwäsche angezogen hatte, ging ich zurück in mein Zimmer.
Mein Sonntagskleid lag über dem Sessel. Über einen andern Sessel hatte Burgi den Samtmantel mit dem weißen Hermelinkragen gebreitet, und auf dem Tisch lagen weiße Handschuhe, der Hermelinmuff, durch den eine lange weiße Schnur gezogen war und meine Samtkappe mit Pelzbesatz. Alles roch nach Sonntag.
Burgi hatte ein dunkelblaues Kleid angezogen mit weißem Leinenkragen, auf ihrer Stirn ringelten sich frischgebrannte Löckchen. Sie half mir beim Anziehen der Siebensachen und zuletzt zog sie ihren verglänzten, alten, braunen Mantel an.
Als wir im Stiegenhaus standen, rief ich: »Wer zuerst unten ist.«
Und dann liefen wir die Stiege hinunter, daß uns ganz schwindlig wurde. Bis zum Mezzanin war Burgi vor mir, dann aber lief sie langsamer, und ich kam zuerst unten an.
Unten stand der Hausmeister. »Ein schönen Lärm machts ihr im Stiegenhaus«, sagte er böse, »das ist ein anständiges Haus und noch dazu am Sonntag.«
Wir grüßten und gingen rasch an ihm vorbei.
»Ein Tepp ist der«, sagte ich, als wir auf der Straße waren, »ein Tepp, ein Tepp«, wiederholte ich laut, denn keine Luise und kein Fräulein konnte mir den Tepp verbieten.
Die Sonne schien, es war ein warmer Wintertag, ganz ohne Schnee.
Als wir vor dem Haus der Huber standen, sagte ich zu Burgi: »Du darfst mich heute recht spät abholen.«
»Ja, aber was wird denn da die Luise sagen, die hört uns nach Haus kommen«, sagte Burgi.
»Die Luise weiß«, sagte ich, »daß ich nicht gern weggeh von den Hubers, und beim Onki wirds oft später. Ich werd halt die Schimpfer haben.«
Burgi wurde rot, zupfte an ihren dicken Wollhandschuhen und sagte leise: »Verrat mich nicht, sag zu niemand was und garnichts zur Luise. Die Luise paßt eh so auf auf mich,

keine drei Wort kann ich reden mit ihm, wann er die Post bringt und schon steht sie da. Weil sie so alt ist und keinen Mann mehr kriegt, drum gönnt sie mir auch keine Freud.«
»Schimpf nicht auf die Luise«, sagte ich. Aber als ich Tränen in ihren Augen sah, fragte ich rasch: »Gehst du mit ihm im Stadtpark spazieren?«
Burgi schüttelte den Kopf: »Der Stadtpark ist am Nachmittag für die besseren Leut, die nur spazieren gehen. Ich treff mich mit ihm im Prater – da ists auch schön im Winter.«
»Wirst du bald heiraten?« fragte ich.
»Nein«, sagte Burgi, »wir müssen warten. Er wohnt bei seiner Mutter, die laßt ihn nicht heiraten.«
»Da wirst du noch lang bei uns bleiben!« sagte ich erleichtert, »ich will kein neues Stubenmädel.«
Als Burgi mich an der Wohnungstüre abgegeben und gesagt hatte, sie würde mich um halb sieben abholen, nahm mich Frau Huber an der Hand und führte mich ins Speisezimmer.
Die Wohnung der Familie Huber war eine Hofwohnung. Das Speisezimmer und das Schlafzimmer der Eltern hatten große Fenster, aber durch die Fenster kam kein Licht, und im Speisezimmer brannte das Gaslicht den ganzen hellichten Tag lang.
Im Speisezimmer stand ein schwarzes Ledersofa, auf das konnte man die Füße legen, ohne die Schuhe auszuziehen. Jeden Schmutz auf dem Sofa wischte die Frau Huber mit einem feuchten Tuch weg, und weg war er, als sei er nie dagewesen. Der Fußboden hatte eine dunkelbraune Farbe und war gar kein Parkett. Auf dem Tisch lag ein gelbes Tuch, das sah aus wie ein Gummimantel und alle Flecken darauf liefen weg, wenn Frau Huber mit ihrem nassen Tuch über die Flecken fuhr.
Nur am Sonntag lag ein weißes Tuch auf dem Tisch wie bei uns zu Hause, in dem breiteten sich die Flecken aus und ließen sich nicht vertreiben und nicht wegwischen.
»Drum leg ichs nur am Sonntagmittag auf«, sagte Frau Huber, und ich mußte an die Mama denken, wie böse sie werden konnte, wenn schon am Dienstag das Tischtuch gewechselt werden mußte, weil ich oder das Fräulein Flecken darauf gemacht hatten.
Frau Huber führte mich zu dem ledernen Ohrensessel. »Setz dich«, sagte sie, »die Kathi kommt gleich. Sie macht noch

eine Fleißaufgabe. Der Vater ist im Park spazieren, und ich muß kochen gehen.«
Sie schob einen Nähkasten vor mich hin, der stand auf vier Beinen und hatte vier Schubladen. Es waren viele Zwirne, Stopfwollen, Knöpfe, Drucker, Hafteln, Bänder in den Laden und ein ganz weniges an Unordnung.
»Leg nur schön alles zusammen«, sagte sie, »ich hab nie Zeit dazu.«
Ich trennte die Zwirne von den Stopfwollen, die Drucker kamen neben die Hafteln, die Knöpfe sortierte ich nach ihren Farben und die Bänder rollte ich auf.
Ich war noch nicht ganz fertig, als Käthe die Türe öffnete und sagte, ich solle in ihr Zimmer kommen.
Das Zimmer von Käthe hatte viele kleine Fenster, die gingen auf einen großen, hellen Hof. Käthe schlief in einem goldenen Messingbett, sie machte ihre Aufgaben auf einem goldenen Schreibtisch, der auf ganz dünnen, gebogenen Beinen stand. Neben dem Schreibtisch war ein Glaskasten, dessen Glas aus roten, grünen, gelben, blauen Scheiben zusammengesetzt war, die wie Karfunkelsteine in der Sonne blitzten.
In dem Glaskasten lagen Käthes Schulhefte, Bücher, Handarbeiten und das Nähkörbchen.
Sie spielte nicht mit Puppen und hatte auch sonst wenig Spielzeug. Ich stellte mich ans Fenster und schaute in den Hof hinunter. Im Hof wuchsen drei Bäume.
Nach einer Weile holte uns Frau Huber zu Tisch.
Dort saß schon der Vater, er hatte einen Zwicker auf der Nase, Filzpantoffeln an den Füßen und sah freundlich drein.
In der Schule erzählte man, der Vater würde Käthe bei den Schulaufgaben helfen, darum sei sie eine so gute Schülerin.
Der Vater holte Käthe täglich bei der Schule ab, die Kinder hatten Käthes Mutter nie gesehen und sagten, die müsse wohl zu Hause bleiben und kochen, sie hätten kein Dienstmädchen, die Hubers.
Ich wollte nicht fragen, und weil ich stets nur sonntags zu ihnen kam, so hoffte ich, sie würden unter der Woche doch ein Dienstmädchen haben.
Käthe sagte Vater und Mutter zu ihren Eltern, nur in der Schule sprach sie von Papa und Mama.
Frau Huber trug auch sonntags ein gestärktes Kattunkleid, ihre Haare waren glatt, ganz ohne künstliche Wellen, sie

war groß und stark, und mein Fräulein hatte einmal zu Luise gesagt: »Das Kind ist so hübsch, und die Mutter ist so häßlich.«
Ich schaute die Mutter oft und lange an, aber ich konnte nichts Häßliches an ihr finden.
Frau Huber stellte selbst die Teller und die Schüsseln auf den Tisch und trug die leeren Schüsseln und Teller wieder hinaus in die Küche. Niemand half ihr dabei, sie wollte auch keine Hilfe, weil sie alles allein tun konnte. Sie servierte so gut wie die Burgi, sie kochte so gut wie die Luise.
Das Essen bei den Hubers war ganz anders als bei uns zu Hause oder beim Onki. Die dunklen Suppen rochen nach Kümmel, die gekochten, zerschnittenen Fleischstücke konnte man um und um wälzen, bis sie das Rot der Paradeissauce, das Braun der Zwiebelsauce oder das Grau der Schwammerlsauce angenommen hatten. Aus den Fisolen, die bei uns zu Hause lang und grün auf den Tisch kamen, jede Fisole für sich allein, aus diesen Fisolen waren bei Frau Huber Fischlein geworden, die in einem herrlichen Schlammteich von dicker, bräunlicher, saurer Sauce schwammen. Von dem Erdäpfelschmarrn auf unsern Tellern stieg der Duft von Schweineschmalz auf. Und zuletzt gab es Mehlspeisen, von denen Luise mir wohl erzählt hatte, die sie aber nicht machen durfte, weil Mama aus dem Norden war und einen empfindlichen Magen hatte, und für mich wäre das auch nichts Rechtes, meinte Luise.
Bei Huber aber da gab es: den Heidesterz, den Kipfelschmarrn, die Maultaschen, die böhmischen Dalken, die Grammelpogatschen, die Zuckergolatschen, den Topfenhaluschka.
Nach dem Essen legte sich Herr Huber aufs Ledersofa, Käthe setzte sich neben das Sofa auf einen Stuhl.
Frau Huber setzte sich in den Ohrensessel und zog mich auf ihren Schoß. Sie bewegte langsam die Beine unter ihrem langen Rock, um mich zu wiegen, sie bewegte die Lippen, ohne zu singen, und nach einer Weile neigte sich ihr Kopf nach einem Ohr des Sessels, und sie nickte ein.
Der Vater schnarchte leise, Käthe stickte rosa Blumen und grüne Blätter in ein weißes Tuch, und ich legte meinen Kopf auf den gewölbten, glatten, warmen Kattun, der sich auf und nieder senkte.

An jenem Nachmittag läutete die Türglocke bei Hubers um sechs Uhr. Burgi stand draußen vor der Tür im dunklen Gang, sagte, sie könne nicht hereinkommen, es sei eilig, wir müßten gleich nach Hause gehen.
Ich widersprach nicht, ließ mir von Frau Huber beim Anziehen helfen, küßte ihr die Hand, die sie wegziehen wollte und lief auf den dunklen Gang zur Burgi.
Ich nahm Burgi bei der Hand, sie zitterte so sehr, daß ich Angst hatte, sie würde die Stiegen hinunterfallen.
Im zweiten Stock fiel sie in die Knie, schlug ihren Kopf auf den Steinfußboden, griff nach meinen Schuhen und benäßte meine Strümpfe mit ihren Tränen. Sie schluchzte nicht, und das warme Wasser rann unaufhörlich aus ihren Augen. Ich konnte mich nicht regen und nicht fragen.
Plötzlich ließ sie mich los, stand auf und beugte sich übers Stiegengeländer. Da war kein Lift, und Burgi starrte auf den Steinboden, der tief unten war.
Sie weinte nicht mehr. Ich hatte Angst vor ihren trockenen Augen. Ich zog sie am Rock, sie ließ das Geländer los und schaute mich an: »Aus ists«, sagte sie, »alles ist aus«, und dann sagte sie nichts mehr.
Als wir nach Hause kamen, hörten wir Luise aus ihrem Zimmer rufen: »So früh schon, das ist aber brav.«
»Gute Nacht, Luise«, rief ich, und Burgi rief nichts.
Burgi stellte mir einen Teller auf den Tisch mit Butterbrot und Schinken.
Für sich stellte sie nichts hin und hatte kein Essen.
Sie half mir beim Ausziehen, zog Madeleine aus und legte sie neben mich ins Bett. Um halb acht Uhr drehte sie das Licht aus.
Sie weinte nicht, sie seufzte nicht, sie wand sich auf dem Diwan um und um, und ich konnte lange nicht einschlafen.
Am nächsten Tag kam ein Telegramm: Onki würde am Dienstag zurückkommen.
Am Dienstag gleich nach dem Mittagessen geschah das Unglück.
Luise war zum ersten Mal aufgestanden und hatte gleich zu kochen angefangen. Das Fräulein und ich saßen bei Tisch, und Burgi servierte.
Nach dem Essen setzte ich mich an meinen Schreibtisch, um Aufgaben zu machen.

Das Fräulein war fortgegangen, um Besorgungen zu machen für Luise, die auf ihrem Bett lag und noch zu schwach zum Ausgehen war. Burgi hatte eine Leiter geholt, um die Messingstangen zu putzen, die hoch oben über den hohen Fenstern die Vorhänge hielten.
Sie war mit einer Flasche und einem Tuch auf die Leiter gestiegen. Zuerst war die Flasche heruntergefallen und auf dem Boden zerbrochen, dann flatterte das Tuch herunter, dann bewegte sich die Leiter und Burgi fiel von hoch oben hinunter auf den Teppich.
Burgi lag steif und starr auf dem Teppich.
Und unter der Burgi lag Madeleine.
Ich warf mich auf den Boden und zerrte Madeleine unter den steifen Knien der Burgi heraus. Ich zerrte und zerrte und dabei hörte ich ein Geräusch, wie sie meine Glasmurmeln machten, wenn ich mit ihnen spielte.
Als ich Madeleine hervorgezogen hatte, drehte ich sie um, damit sie auf den Rücken zu liegen kam. Und als ich sie umgedreht hatte, sah ich ihr Gesicht, und es war gar kein Gesicht mehr da. In ihren blonden Haaren klebten weiße Wachsstücke. Es war nichts mehr da: kein Mund, keine Nase, keine Ohren. Ihre Augen aber lagen zwischen den Knien der Burgi, und um die Augen lagen Wachsstücke und über die Augen und über die Wachsstücke lief Blut wie das Wasser in einem Bach. Ich sah dem Blutrinnen zu, Madeleines Augen wurden überschwemmt, und die weißen Wachsstücke begannen im roten Blut zu schwimmen.
Nach langer Zeit erst gelang es mir, meinen Mund mit zitternden Fingern aufzureißen, und dann begann ich zu schreien. Als Luise die Tür aufriß und ins Zimmer lief, schrie ich immer wieder: »Hilf, hilf, die Madeleine blutet, die Madeleine stirbt!«
Luise kniete neben Burgi.
Das Fräulein stand in der Türe und sagte: »Das ist eine schöne Bescherung, da muß man den Arzt anrufen.«
»Nichts anrufen«, sagte Luise, »es wird nichts angerufen. Stehen Sie nicht da herum, Frau Reich, als ob nichts geschehen wäre, kommen Sie lieber her und helfen Sie mir, das Mädel aufs Bett tragen.«
»Nein«, sagte Frau Reich, »ich kann nicht. Mir wird schlecht, wenn ich Blut sehe.«

»Herkommen«, befahl Luise mit böser Stimme.
Das Fräulein duckte sich und folgte.
»An den Schultern hochheben«, sagte Luise, »ich tu sie an die Füß packen.«
Das Fräulein hob Burgi hoch und packte sie an den Armen, die Luise hatte Burgis Füße gepackt.
»Das schlechte Ding«, sagte das Fräulein und keuchte unter der schweren Last der Burgi, »das schlechte Ding!«
Als sie schon draußen im Vorzimmer waren, hörte ich Luise sagen: »Halten Sie Ihren Mund, Frau Reich.«
Dann hörte ich nichts mehr, sie waren weg, weit weg in Burgis Zimmer. Sie hatten mich allein gelassen, vor mir auf dem Boden lag die tote Madeleine, und ihr Blut sickerte in den Teppich hinein.
Ich hatte ihre Augen an mich gepreßt, ich schrie nicht mehr, ich weinte nicht, ich fror, und es war, als wäre ich aus lauter Stein. Plötzlich aber spürte ich, daß sich meine Beine bewegten, und sie liefen mit mir fort – zur Türe hinaus, die Stiegen hinunter, sie trugen mich über die Straße zu Onkis Haus, die Stiegen hinauf zu seiner Wohnungstür.
Ich läutete, läutete, läutete, die Tür ging auf. Onki stand da und rief: »Du blutest ja.«
»Nein, nein«, schrie ich und hielt ihm die Augen hin.
Onki hob mich auf, trug mich in sein Schlafzimmer, legte mich auf sein Bett, wusch mir das Blut von Gesicht und Händen, wusch Madeleines Augen und gab sie mir in die Hand zurück. Sie funkelten wie glitzernde Glaskugeln.
»Ich bin da«, sagte Onki. »Du mußt schlafen«, sagte Onki, »du mußt schlafen. Und wenn du wieder aufwachst, ist alles, alles gut.«
Ich weinte nicht, ich faßte Onkis Hand und schlief ein.

X Das Weiße

Als ich aufwachte, war es dunkel im Zimmer. Die Vorhänge waren nicht zugezogen vor dem Fenster, von der Straße her kam der Laternenschein durchs Fenster.
Am Fenster hing etwas großes Weißes.

Ich wollte mich nicht regen, ich wollte nur liegen und schauen. Die Daunendecke hüllte mich ein, die Luft im Zimmer war warm, das Laternenlicht schien hell genug.
Ich hatte alles vergessen und ich wollte nichts sehen und ich wollte nichts hören.
Aber da waren die Stimmen im Nebenzimmer, und als sie lauter wurden, mußte ich sie hören. Und als ich hörte, was die Stimmen sagten, mußte ich zuhören.
»Ich bin eine Witwe«, sagte die Stimme des Fräuleins, »eine arme Witwe, und niemand sorgt für mich und meinen Sohn.«
Ich hörte die Stimme meines Onkis sagen: »Sie sind eine Witwe und arm«, und dann wurde die Stimme streng und lauter: »aber gut sind Sie nicht und dumm sind Sie auch.«
Das Fräulein schrie auf: »Herr Doktor beleidigen mich, Herr Doktor nehmen das schlechte Ding in Schutz –«
»Ich beleidige Sie nicht«, hörte ich Onki mit ruhiger Stimme sagen, aber dann wurde seine Stimme drohend, »aber ich entlasse Sie.«
»Das dürfen Sie nicht«, schrie das Fräulein, »Sie haben kein Recht –« aber plötzlich verwandelte sich ihr Geschrei in Weinen. »Ich weiß schon«, schluchzte sie, »ich kanns mir schon denken, das Kind hat mich verraten, das Kind ist schuld.«
Ich wollte aus dem Bett springen, zur Tür laufen, aber dann blieb ich liegen und hörte und hörte und hörte.
»Das Kind hat verraten –?« fragte Onki.
»In der Kirche«, schluchzte sie, »geschworen hat sie's mir, verraten hat sie mich, verraten. Der Luise wird sie's gesagt haben, und die Luise hats dem Herrn Doktor gesagt, das Kind hat mich nie leiden können.«
»Das Kind hat Sie nicht verraten«, sagte Onki.
»Was hab ich denn gesagt, was hab ich denn gesagt«, wimmerte das Fräulein, »ich hab doch nichts Unrechtes getan!«
Onkis Stimme war nun ganz ruhig, ich setzte mich im Bett auf und nahm alle Kraft zusammen, damit ich jedes Wort verstehen und allen Sinn begreifen könne.
»Sie waren mit dem Kind in der Kirche«, sagte Onki ganz langsam. »Sie haben nichts Unrechtes getan. Sie tun aber auch nichts Rechtes«, setzte er fort, »und darum hat das Kind Sie nicht gern. Stehen Sie auf«, sagte er, »knien Sie nicht vor mir, setzen Sie sich.«

Ich hörte die schweren Kleider des Fräuleins sich bewegen, ein Sessel wurde geschoben.
»Hören Sie mir gut zu, Frau Reich«, sagte Onki, »Sie werden der gnädigen Frau kündigen. *Sie* werden kündigen«, wiederholte er, »haben Sie verstanden? Weinen Sie nicht«, sagte er, »Sie bekommen von mir Geld bis Sie eine neue Stellung gefunden haben.«
Ich hörte platschende Geräusche und wußte, daß das Fräulein Onkis Hände mit Küssen bedeckte.
»Genug«, sagte Onki, »Sie verlassen das Haus, *bevor* die Gnädige Frau zurückkehrt, und über die Burgi wird nicht mehr geredet, haben Sie verstanden?«
»Ja, Herr Doktor, gewiß Herr Doktor«, sagte sie leise – »aber die Luise?«
»Die Luise wird alles in Ordnung bringen.«

Als das Fräulein gegangen war, öffnete Onki einen Spalt der Türe, die zum Schlafzimmer führte.
»Ich bin wach, Onki«, sagte ich.
Onki drehte das Licht an.
Es war eine schöne Lampe mit einem grünen Schirm.
Onki läutete, die Wirtschafterin kam herein.
Sie war dünn und zierlich und trug stets Kleider, die fast aus Seide waren, mit weißen Spitzenkragen. Ihr Haar war schwarz, ihre Augen waren blau, und sie hieß Zia.
»Was gibts heute abend zu essen?« fragte Onki.
»Wenn das grrroße Frrräulein da ist –«, sagte Zia und rollte ihre Rs durchs Zimmer wie eine Teppichmaschine.
»Bitte«, sagte ich rasch, »ein kaltes Hendel und Aspik und Gurken und –«
»Und eine Nußtorte«, sagte Onki.
»Das haben wirrr alles«, sagte Zia stolz. »Aberrrr vielleicht zuerrrst baden?«
Zia hatte ein Bad gerichtet und wusch mich mit einer wohlriechenden Seife.
»Parrriser Seife«, sagte sie.
Sie nahm meine Finger einzeln vor und rieb sie mit einer weichen Bürste. An zwei Fingern klebte noch ein wenig Blut.
Sie half mir beim Anziehen, aber das Kleid zog sie mir nicht an.

Sie hätte alle Flecken herausgeputzt, sagte sie, es sei noch nicht trocken.

Sie hüllte mich in Onkis Bademantel, den hob ich vorne hoch, damit ich gehen konnte und ließ ihn hinten nachschleifen in langer Schleppe. Ich ging ins Speisezimmer, der Tisch war mit Tellern und Gläsern gedeckt.

Onki war nicht da.

Ich kletterte mit dem langen Schlafrock auf den mächtigen Stuhl, der vor dem Tisch stand und legte meine Arme auf die breiten Lehnen, die in Tierköpfen endeten.

»Vorrrsichtig sitzen«, mahnte Zia immer, »sährrr werrrtvoll, es ist aus Venezia.«

Zia war auch aus Venezia und sie kannte alles, was aus Venezia war. Kaum war ich auf dem Stuhl gesessen, rief Onki aus dem Schlafzimmer.

»Komm«, rief er, »komm, komm und such, such, such.«

Ich legte den Bademantel über den Sessel und lief im Unterrock ins Schlafzimmer.

Ich lief im Schlafzimmer umher.

»Kalt, kalt, kalt«, sagte Onki, als ich beim Bett suchte.

»Wärmer, wärmer, wärmer«, sagte Onki, als ich mich dem Diwan näherte. »Heiß, heiß, heiß«, rief Onki, als ich vor dem Fenster stand.

Und dann griff ich nach dem großen Weißen, das an dem Fenster hing. Und dann kam Zia herein und zog mir das große Weiße an und führte mich vor einen hohen, goldgerahmten Spiegel.

»Aus Nizza«, sagte Onki.

Es war ein Kleid ganz und gar aus weißen Spitzen, und der untere Teil des Kleides bestand aus lauter Spitzenvolants, einer bedeckte zur Hälfte den nächsten, und da gab es acht Spitzenvolants – Zia zählte sie – bis über die Knie. Und unter dem Spitzenkleid war ein rosa Batistunterkleid, das schimmerte durch die Spitzen an den Stellen, wo es keine Volants gab.

Und zuletzt setzte sie mir einen Hut auf, der war aus weißem Batist mit einem langen rosa Band, auf dem waren kleine rosa Röschen befestigt. Zia zog mir weiße Spitzenhandschuhe an, aus denen alle Finger herauslugten und hängte mir einen kleinen weißen Pompadour an den Arm, und der Pompadour war mit rosa Seide gefüttert.

Ich stand vor dem Spiegel und drehte mich rechts und drehte mich links und konnte garnichts sagen.
»So schön«, würde Luise sagen, »das verdienst du garnicht. Viel zu verwöhnen tut der Herr Doktor das Kind. So schön, so schön ...«
Und die Mama würde mir erlauben, das Kleid nur anzuziehen an Kaisers Geburtstag.
Ich drehte mich und wendete mich vor dem Spiegel, und Zia stand hinter mir und lächelte.
Aber plötzlich warf ich den Pompadour von mir, sprang Onki an, kletterte an ihm hoch, umfaßte ihn mit den Beinen und warf mich nach hinten, daß mein Kopf auf seinen Knien aufschlug und der Hut weit durchs Zimmer flog.
Onki zog mich zurück, ich klammerte nun meine Arme fest um seinen Hals, und Onki begann, sich so rasch zu drehen, daß ich fast waagrecht an seinem Hals durchs Zimmer flog.
Die Volants flatterten, Onki und ich jauchzten, und Zia schob Möbel beiseite, auf daß wir uns nicht dran stoßen möchten.
Bald darauf saßen wir ruhig bei Tisch in den großen Tierstühlen, Onki hatte einen samtenen Hausrock an, ich trug mein weißes Kleid, und Zia servierte mit weißer Spitzenschürze und dünnen, weißen Handschuhen: kaltes Huhn in Aspik, Gurken, heiße Schokolade in goldverzierten Tassen und Nußtorte.

XI Die Haut

Ich war in der Schule.
Zu Mittag durfte ich nicht nach Hause gehen, ich mußte in der Schule essen. Den Kakao am Nachmittag mußte ich in der Schule trinken, die Schulaufgaben in der Schule machen, mit den Kindern im Park spazieren gehen, zwei und zwei.
Um halb sieben Uhr abends stand Luise im Schulgang. Sie half mir in den Mantel, ging mit mir die Stiegen hinunter, aus dem Tor hinaus in die dunklen Gassen.
Zu Hause war es still. Die Mama war noch verreist, der Korbstuhl, in dem Madeleine gesessen hatte, war leer, die Burgi war blaß und alt wie eine Erwachsene.

Die Luise kochte Gutes für mich, Linsen, Geselchtes mit Sauerkraut, Würstel mit Kren, aber was immer sie kochte, ich konnte nur ganz wenig davon essen.
Luise fragte: »Das ist ein gutes Essen in der Schule?«
»Ja«, sagte ich.
»Was für ein Essen?« fragte Luise.
»Rindsuppe, immer mit was anderem drin«, antwortete ich, »und jeden Tag Rindfleisch mit Sauce und Erdäpfelschmarrn und viele Mehlspeisen.«
»Ist es ein gutes Fleisch?« fragte Luise.
»Ja«, sagte ich, »von unserm Kaiser.«
Luise seufzte: »Der liefert nicht unter zehn Kilo und auch nur als eine große Ausnahme, da müßt man schon in höchster Protetschon sein beim Hoflieferanten ...«
Sie fragte weiter: »Was für Mädeln sind da?«
»Die Ruzicka und die Nawratil und die Wondracek, die kann man schon verstehen, wenn sie was sagen«, sagte ich, »aber die andern drei können garnichts sagen. Und die Köchin, die kann mit alle sechs reden. Die Köchin steht über allen sechs, die schafft ihnen alles an. ›Die ist immer grad da, wenn man was Falsches macht‹, sagt die Wondracek, und Ausgang haben sie nie, damit ihnen nichts geschieht, und Geld kriegen sie auch ganz wenig und das kriegen sie nie, weil die Novak das Geld für sie auf die Sparkasse legt, sagt die Wondracek.«
»Wer ist die Novak?« fragte Luise.
»Die Novak, das ist die Köchin«, sagte ich, »und die Ruzicka sagt, sie haben immer genug zu essen, dazu schaut die Novak, und wenn eine weint, sagt die Ruzicka, dann streicht ihr die Novak die Tränen zurück mit die Finger und sagt: ›Schön sparen mußt du und eines Tages bist du wieder in der Heimat‹, und das sagt sie nie auf deutsch, damit jedes Mädel es verstehen kann.«
Luise fragte: »Woher kommt die Novak?«
»Aus Prag«, antwortete ich.
»Ist es möglich, du tätest ihren andern Namen wissen?« fragte Luise.
»Die Kinder sagen, sie heißt Anuschka.«
Luise wiegte den Kopf: »Anuschka Novak aus Prag ... Novak Anuschka aus Prag: Prag – – – hat sie viele blonde Zöpf?«

»Ich glaub, sie hat sehr viele Zöpfe unter den weißen Bändern«, sagte ich.
»So«, sagte Luise, und ihr Kopf schaukelte hin und her. »Die Anuschka, soso. Die war nämlich als ein ganz Junger schon in der Küche vom Schloß von Herrn Grafen Kinsky in Namiest, damals bin ich noch zu Haus gewesen bei meine Eltern in Namiest, und jetzt ist sie in Wien, die Anuschka – so – so!«
»Sie wird nicht mehr lange bleiben«, sagte ich. »Sie wird bald heiraten, sagen die Kinder, den Fleischhauer vom Hoflieferanten.«
»So – so«, sagte Luise wieder und legte die Hände in den Schoß. Ihr Kopf schaukelte nicht mehr und saß still auf dem Hals. In ihren Augen waren Tränen, aber keine Träne lief über, sie blieben in ihren Augen wie die heiße Milch im Hefen auf ihrem Herd.
Luise schaute mich nicht an und sagte leise: »Nicht sagen sollst du, nie sagen der Novak Anuschka, garnicht sagen, daß die Svoboda Luise hier ist.«
Ich fragte: »Wer ist die Svoboda Luise?«
»Ich«, sagte Luise.

Jeden Abend nach dem Essen nahm mich Luise mit in die Küche.
Sie setzte sich auf einen Küchensessel und stellte ihre immer wehen Füße in einen Kübel.
Ich hockte mich auf ein ganz niedres Stockerl neben den Kübel. Aus dem Kübel dampfte es, und die ganze Küche roch nach Heu.
Luise breitete ihren langen, weiten Rock über den Kübel wie eine Glocke.
Es war ganz still, und ich wartete.
Ich wartete, bis Luise den Kopf senkte, die Hände hob und der Singsang aus ihr herausstieg.
Es war ein langer Sang, und das Ende klang dumpf und drohend:

> *Řekla jim svatá Apolena:*
> *Střelci, střelice! vrať te se*
> *a té osobe pokoj dejte.**

---

* Sagte ihnen die heilige Apollonia: Jäger und Jägerinnen! kehrt um und laßt diese Person in Ruh.

Und es war, als stünde die heilige Apollonia selbst in der Küche, ich sah, wie sie die bösen Rheumageister aus dem warmen Heuwasser austrieb, ich hörte sie befehlen: »Laßt die Person in Ruh! – Osobe pokoj dejte – Osobe pokoj dejte«, siebenmal wiederholte es Luise, drohend und dumpf. Und nach dem siebenten Mal zog Luise die Füße aus dem Wasser, rollte dicke Wollstrümpfe über die nassen Beine, stieg in die warmen Filzpatschen.

Den Kübel leerte sie nie in den Abwasch, sie trug ihn vorsichtig ins Klosett, schüttete das Heuwasser rasch in die Schüssel, zog lang an der Kette, so daß kein kleinster Rheuma-Geist herausflattern konnte.

Nach dem Besuch der heiligen Apollonia blieben wir noch in der Küche. Die Fenster waren fest geschlossen, wir saßen im warmen, süßen Heudunst.

Dann begann Luise zu fragen, und ich erzählte.

Luise fragte und erfuhr jeden Abend, was in der Schule gewesen war.

Wenn ich klagte, dann sagte Luise: »Das ist gut so, das ist alles gut zum Gescheitwerden.«

Aber einmal war etwas geschehen, da wußte ich gleich, das war nicht zum Gescheitwerden.

Ich wollte schon bei der Schulhaustür davon anfangen und es Luise auf dem Heimweg erzählen, aber dann fing ich doch erst an davon nach dem Heublumenbad.

Die Luise wußte schon von unsern zwei Freiplätzen in der Schule, aber vom zweiten hatte ich ihr nicht viel erzählt. Der zweite Freiplatz war nicht in meiner Klasse, sie war viel älter als ich, bald dreizehn Jahre alt und seit vielen Jahren in der Schule, von morgens bis abends. Sie war die Allerbravste in der Schule, hatte immer nur lauter Einser, und ihr Name war Anna Ziegler. Die Wondracek sagte, daß sie ihr beim Servieren dreimal aufschupfen müsse, hoch wie ein Guglhupf. ›Da müßt du hinschaun, was die zsamm ißt, die Anna‹, sagte die Wondracek, ›nicht so Patzeln was du essen tust.‹«

Das erzählte ich der Luise auch, und die sagte: »Hörst du?« »Ich kann aber garnicht hinschaun«, sagte ich, »weil die Anna an einem ganz andern Tisch bei den großen Mädchen sitzt. Am selben Tisch wie die Henriette«, erklärte ich Luise, »die ist schon fünfzehn. Und die Henriette hat uns gesagt, der

Freiplatz kann nicht mit uns spazieren gehen, weil ihr Mantel nicht zu unsern Mänteln paßt, und unter den Kleidern hat sie Barchentwäsche, die ist färbig. Henriette, die weiß alles: von den Kindern, den Lehrerinnen, den Mädeln, der Tante Elfriede und dem Fräulein von Weser. ›Bis in die Küch kommt sie, die Henriett, bis die Novak sie hinausweisen tut‹, sagt die Ruzicka, ›die Anna ist eine Brave, redt nur, wenn sie gefragt wird, die muß verpfuschte Handarbeiten bessern von die Kinder, und schön sticken tut sie die Anna, Buchstabeln in die Geschirrtücher von unsrer Kuchel.‹ ›Was ist der Papa von der Anna‹, hab ich die Ruzicka gefragt. ›Tot‹, hat sie gesagt. ›Und die Mama?‹ ›Weiß ich nicht‹, hat Ruzicka gesagt.
Aber Henriette wußte es.
Am Freitag in der ersten Pause sind wir im Gang gestanden, ein paar sind herumgegangen – laufen darf man ja nicht –«
»Das ist gut so«, sagte Luise, »laufen tut man nur, wo sichs gehört!«
»Die Anna ist dort gestanden, wo ihr Mantel hängt und hat was gegessen. Die Henriette ist auf und ab gegangen zwischen uns und plötzlich ist sie stehen geblieben vor der Anna. Zuerst hat sie nichts gesagt und hat nur immer auf die Strümpfe von der Anna geschaut, die sind noch viel dicker wie meine, die müssen noch viel mehr kratzen wie meine, und viel mehr Löcher sind drin, viel schöner gestopft, als die Burgi stopft. Dann hat die Henriette ein Paar Handschuhe aus ihrer Schürzentasche gezogen und der Anna hingehalten und gesagt: ›Hier sind meine alten Wollhandschuhe, ich brauch sie nicht mehr, ich habe Pelzhandschuhe von meinem Vater bekommen.‹ Da hat die Anna die Handschuhe gepackt und dann ... und dann ...«
Ich hielt mir vor Schrecken die Hände vor den Mund.
»Was war?« sagte Luise.
»Die Anna hat die Handschuh gepackt und dann hat sie in alle Finger von den Handschuhen hineingebissen und alle Maschen hat sie aufgerissen, bis garnichts mehr da war – nur lauter Wolle. Die Wollen hat sie zusammengewickelt, so geschwind, daß man garnicht hat hinschauen können, dann hat sie den Knäuel genommen und der Henriette ins Gesicht geworfen und dazu hat sie geschrien: ›Ich brauch deine Handschuhe nicht.‹ Sie hat noch nie geschrien, und ihre

Augen waren ganz glühend, und wir haben uns gefürchtet vor ihr. Aber die Henriette hat sich nicht gefürchtet vor ihr, die ist auf ihrem Platz stehengeblieben, hat den Wollknäuel auf dem Boden angeschaut und gesagt: ›Ich habe nicht gewußt, daß eine Wäscherin genug Geld hat für anständige Wollhandschuhe!‹

Die Anna hat gezittert, aber geweint hat sie nicht.

Dann ist die Gabriele auf die Henriette zugelaufen und hat die Hand ganz hochgestreckt, weil sie viel kleiner ist. Wir haben geglaubt, sie wird die Henriette schlagen. Aber die Hand ist ihr auf die Schulter von der Henriette gerutscht, die hat ›au‹ geschrien. Die Gabriele hat ganz laut gesagt: ›Anna's Mutter ist keine Wäscherin, die wäscht nur die eigene Wäsche, das ist keine Schande!‹«

»So«, sagte Luise, »und was ist geschehen mit der Anna?«

»Zu Mittag war sie schon nicht mehr da«, sagte ich. »Wir sind alle noch beim Tischgebet gestanden, da hat Fräulein von Weser auf den leeren Sessel gezeigt und gesagt: ›Anna Ziegler ist nicht mehr unter uns. Wenn ihr ihr auf der Straße begegnet, wünschen wir nicht, daß sie gegrüßt wird. Der Freiplatz ist an eine Undankbare verschwendet worden.‹«

»Das hätt die Anna nicht tun müssen«, sagte Luise, »das gehört sich nicht für eine Arme.«

»Luise«, fragte ich ängstlich, »haben wir viel Geld?«

»Genug Geld haben wir«, sagte Luise und nickte, »viel genug!«

»Und mein Onki?« fragte ich.

»Der Herr Doktor«, sagte Luise, und ihre Augen glänzten, »der Herr Doktor ... Hör zu!« flüsterte sie: »Also wenn die ganze Küch voll Kisten wär, eine über der andern, so daß wir garnicht mehr stehen könnten in der Küch vor lauter Kisten, und jede Kisten ist voll mit lauter Gold, und du tätst vor der Küche stehen und fragen: Wem gehört das Gold?«

»Wem gehört das Gold«, fragte ich und konnte kaum atmen.

»Das viele, viele Gold, das gehört alles unserm Herrn Doktor«, sagte Luise. »Und wenn er was herausnimmt aus die Kisten, dann füllt sichs wieder nach, und keine Kisten könnt leer werden. Und wenn du brav bist und groß wirst, dann kriegst du einmal ein paar Kisten von denen geschenkt und

dann brauchst du nie in deinem ganzen Lebtag zu arbeiten!«
»Aber er arbeitet doch, mein Onki?«
»Aber müssen tät er nicht!« sagte Luise.
»Und er kann nie, nie arm werden, Luise?«
»Nie«, sagte Luise, »nie, sein Lebtag nicht!«

Bald darauf konnte ich nicht mehr viel erzählen.
Luise fragte, und ich konnte nicht mehr recht antworten.
Luise merkte nichts und erzählte mir viele Geschichten aus ihrer Heimat.
An einem Nachmittag hatte es angefangen.
An dem Nachmittag war ich allein im Speisesaal zurückgeblieben, weil ich meinen Cacao nicht ausgetrunken hatte.
Es war schon dunkel, ich saß auf meinem Sessel vor dem kalten Cacao.
An dem Nachmittag waren wir, wie immer, gleich nach dem Mittagessen im Volksgarten spazieren gegangen, zwei und zwei in den Alleen, immer rundum, die selben Wege. Viermal gingen wir vorbei, dort wo die Kaiserin auf ihrem marmornen Thron über den Blumen sitzt. Vögel hatten sich auf ihre weißen, steinernen Schultern gesetzt und zwitscherten.
Wir durften nicht reden außer ein weniges an Französisch, die Kleinen gingen mit den Großen, damit sich die Kleinen nicht losreißen konnten, um herumzuspringen, sagten die Kinder, damit die Großen nichts Unrechtes miteinander schwätzen konnten, sagten die Großen.
Auf dem Heimweg zur Schule wurden wir von der Französin, die uns bewachte, am Theseustempel vorbeigeführt, einer geheimnisvollen Kirche ohne Kreuz, die von mächtigen Säulen umgeben war und zu der hohe Stufen führten rundherum.
Früher war ich manchmal mit dem Fräulein in den Volksgarten gegangen, sie hatte sich einen Sessel gekauft im Garten, um sich hinzusetzen und sich mit den andern Fräulein zu unterhalten. Ich durfte am Theseustempel spielen.
Einige Kinder kannte ich, die andern waren fremd, und wir alle spielten die herrlichsten Spiele. Das Schönste war das Sich-Verstecken hinter den riesigen Säulen des Tempels, das Laufen und Fangen auf den hohen Steinstufen, vorbei

an der ewig geschlossenen grünen Eisentüre des Tempels, in dem wohl das Gold in hohen Hügeln lag.
Jetzt aber mußte ich am Tempel langsam vorbeigehen, meine Hand in der einer Großen, die fest zupackte, wenn ich zu rasch gehen wollte.
An jenem Nachmittag geschah es, daß unser ewig wandernder Zug plötzlich stillstand. Vor dem Tempel standen sie alle still und bewegten sich nicht mehr.
Die Kinder starrten auf eine Säule, und vor der Säule, hoch oben, auf den Stufen, stand Anna Ziegler.
Sie schaute auf uns herab, ohne sich zu rühren.
Ich sah sie nur einen Augenblick, dann versteckte ich meinen Kopf in den Mantel der Großen, die mich an der Hand hielt.
»Wie sieht sie aus?« flüsterte ich in den Mantel, so daß es nur der Mantel hören konnte. Wie sieht sie nur aus? Ein Kind, das aus der Schule gestoßen worden war, das mußte doch wohl sein, wie eins, das ein Wagen überfahren, ein Eisenbahnzug zermahlen hatte?
Und dann hörte ich eine Stimme rufen: »Guten Tag, Anna!« und ich wußte, es war Gabrielens Stimme.
»Allons, allons«, sagte die Französin, »c'est interdit de parler allemand!«
Die Große schüttelte meinen Kopf ab von ihrem Ärmel, strich ihren Mantel zurecht.
Der Zug setzte sich in Bewegung.
Nun saß ich ganz allein im großen Speisesaal und schaute in die trüben Gaslichter, die hoch oben in Glaskugeln gefangen waren.
Ich legte den Kopf weit nach hinten, meine Hände falteten sich über meinem Kopf, damit Gott sie auch recht sehen könnte und dann bat ich ihn, so leise, daß nur er es hören konnte:
»Lieber Gott, laß mich nicht arm werden. Ich danke dir, lieber Gott, daß meine Mutter keine Wäscherin ist, und laß mich nicht arm werden, weil es eine große Schande ist, und sie sollen mich nicht aus der Schule stoßen.«
Ich hatte ganz leise gemurmelt, als plötzlich meine Hände gefaßt und auf den Tisch gelegt wurden, der Kopf wurde mit einem Ruck ganz gerade auf meinen Hals gesetzt, und auf meine Schultern legten sich zwei gelbe Hände.

»Sitzenbleiben«, sagte eine Stimme, »nicht umdrehen, nicht träumen. Den Cacao trinken!«
Ich wußte, daß die Stimme zu der Hexe gehörte, aber ich wußte nicht, ob die Hexe wirklich hinter mir stand. Ihr Kleid machte kein Geräusch, sie roch nach nichts, kein Lufthauch zeigte an, wo sie stand, die Hände auf meinen Schultern konnte ich wohl sehen, aber nicht spüren.
»Austrinken«, sagte die Stimme.
Ich mußte nach der Schale greifen, da aber sah ich, daß sich der Cacao mit einer dicken, braunen Haut überzogen hatte. Ich zog die Haut mit dem Löffel heraus und wollte sie auf die Untertasse legen.
»Der Cacao wird mit der Haut getrunken«, sagte die Stimme.
Finger nahmen mir den Löffel aus der Hand, die Haut fiel in den Cacao zurück, verschwand und kam zerfranst und sich bewegend wieder obenauf.
»Trinken«, sagte die Stimme.
Ich hob die Schale an den Mund und wollte den Cacao so rasch wie Lebertran hinunterschlucken, aber die Haut war schleimig und legte sich wie eine Wand in den Mund. Sie nahm alle Luft weg, ich zitterte, würgte, und dann flog die Haut zurück aus meinem Mund in die Schale.
Da krallten sich die Hände in meine Schultern, und ich wußte, die Krallen würden mich nicht loslassen.
»Trinken«, befahl die Stimme, »alles austrinken.«
Die Stimme befahl, die Krallen taten weh: ich schluckte alles, die Haut, den kalten Cacao und den Satz, der auf dem Boden der Schale lag.
»Gut«, sagte die Stimme, »aufstehen.«
Ich stand auf, ich schob den Sessel an seinen Platz und blieb stehen.
»Umdrehen.«
Ich stand vor der Hexe.
Sie sprach: »Nun hast du wieder etwas gelernt. Pflicht und Selbstüberwindung müssen geübt werden, auf daß wir Mühsal und Leid ertragen lernen!«
Ich mußte hinter ihr aus dem Saal gehen ins dunkle Vorzimmer.
Eine der Türen schloß sich lautlos hinter ihr, und ich war ganz allein im engen Vorzimmer.
Die vielen Mäntel hingen an der Wand und waren lauter Leute.

Ich selbst stand auf einem Berg, in einen roten Mantel gehüllt, vor mir ein nägelbeschlagenes Faß.
In dem Faß wimmerte die Hexe.
Ich aber stieß mit dem Fuß gegen das Faß, und es rollte den Berg hinunter, es rollte durchs Vorzimmer ins Stiegenhaus, es rollte die Treppe hinunter: alle hundertundsieben Stufen.

XII Die Hexenprobe

Ruzicka führte mich zu Gabriele.
Gabriele war krank und mußte im Bett liegen.
Gabriele hatte gebeten, daß ich sie besuchen dürfe, und Fräulein von Weser hatte es erlaubt.
Ich war noch nie in den Schlafsälen gewesen.
Keines der Kinder durfte sie betreten, kein Kind, das nur bis Mittag oder bis abends in der Schule sein mußte, durfte sie sehen, nur die kannten sie, die in der Schule wohnten, und selten kam es vor, daß ein Kind ein Krankes besuchen durfte.
Ruzicka und ich stiegen die Stufen hinauf bis zum obersten Stock, dort waren die Schlafsäle.
Ruzicka öffnete eine Türe. Wir standen vor einem langen Gang, der hatte keine Wände und keine Türen, nur lange Vorhänge hingen rechts und links bis zum Boden herab. Sie waren schneeweiß und bewegten sich.
»Das Fenster tät sie wieder offen haben«, sagte Ruzicka kopfschüttelnd, »was so einen bösen Zug macht.«
Ich ging hinter Ruzicka her bis ans Ende des Vorhanggangs.
Dort teilte Ruzicka zwei Vorhänge vorsichtig auseinander, und dann standen wir in einem Raum, der wie ein Zimmer aussah.
Die eine Wand war aus Mauer und Fenster, die zweite war ein langer, weißer Kleiderkasten, die dritte und die vierte waren Vorhangwände. In dem kleinen Zimmer stand ein weißes Bett, ein weißer Nachttisch, ein weißer Sessel, und vor dem Bett lag ein weißes Eisbärenfell. Es war nur ein einziges Bild da, das hing in einem silbernen Rahmen über dem Bett. Auf dem Bild stand eine Dame in einem

blumenbestickten Ballkleid mit einer Diamantenkrone im Haar und einem Fächer in der Hand.
Im Bett lag Gabriele, auf dem Nachttisch standen viele Medizinen, das Fenster war offen.
Ich setzte mich auf den Sessel und gab acht, den Kopf des Eisbären nicht zu berühren.
Ruzicka wollte das Fenster zumachen.
»Nein«, sagte Gabriele, »bitte nein. Geh zur Tür, Ruzicka und paß auf, daß niemand kommt. Du weißt schon!«
Wir hörten die Vorhänge rascheln, Ruzicka schien hinter jedem Vorhang nachzuschauen, ob niemand da sei.
»Nix is«, rief sie, »ich steh bei der Tür.«
Gabriele sagte: »Der Kopf tut mir weh, und Magenschmerzen habe ich!«
Gabriele war zwei Jahre älter als ich und größer als ich.
Ihr Gesicht und ihre Hände waren wie aus weißem Wachs, sie hatte braune Augen und blonde Locken.
»Ich darf nur Tee trinken und Zwieback essen«, sagte sie, »aber die Ruzicka bringt mir immer etwas aus der Küche mit – heimlich – wenn sie kommt, um mir die Locken zu drehen.«
»Die Luise«, sagte ich, »die hat sie auch so schön gedreht, die Locken von der Madeleine.«
»Wer ist Madeleine?« fragte Gabriele.
»Sie ist tot«, sagte ich.
»Ist dein Vater tot?«
»Ja«, sagte ich, »da war ich noch ein Wickelkind, und sie haben mich in schwarze Windeln gewickelt.«
Gabriele nickte: »Ich habe ein ganzes Jahr lang schwarze Kleider getragen, weil meine Mama gestorben ist.«
»Warst du klein?« fragte ich.
»Nein«, sagte sie, »acht Jahre. Dann haben sie mich weggeschickt in die Schule.«
Ich schaute das Bild an über dem Bett.
»Bald nach dem Ball ist sie gestorben«, sagte Gabriele und zupfte an ihrer grünen Seidendecke bis sie eine kleine Daunenfeder ausgezupft hatte.
Sie hielt sie mit den Fingern fest und hielt sie ganz nah an die Augen, um sie gut zu sehen. »Und hier«, sagte sie, »hier in der Schule müssen wir alle schwarze Schürzen tragen, jeden Tag in der Woche, aber die Alte und die Hexe sind *nicht* tot!«

»Warum sterben die nicht?« fragte ich.
»Können nicht«, sagte Gabriele, »die Alte ist ein Gespenst, und die Hexe ist aus Stein!«
›Die Alte ist ein Gespenst, und die Hexe ist aus Stein‹ – da war er wieder der Spruch, den die Kinder flüsterten.
Die Vorhänge bewegten sich, und ich hielt mich an der Bettdecke fest.
»Mach das Fenster zu«, sagte Gabriele und drückte mir eins der Medizinfläschchen in die Hand, »zuerst aber schütte etwas davon aus, ich mag das bittre Zeug nicht. Nicht zuviel, damit sie nichts merken!«
Ich schüttete etwas von der Medizin zum Fenster hinaus und als ich das Fenster zumachte, bewegten sich die Vorhänge wieder.
»Ruzicka!« rief Gabriele befehlend.
»Steh hier«, antwortete Ruzicka.
Ich setzte mich wieder auf den Sessel und zog die Füße hinauf.
»Der tut dir nichts«, sagte Gabriele, »der Eisbär ist schon lange tot. Mein Vater hat ihn geschossen, dann ist der Eisbär vor dem Bett meiner Mama gelegen und jetzt gehört er mir.«
Ich ließ die Beine hängen, aber sie reichten nicht bis zum Fell.
»Warum?« fragte ich, »warum ist jemand aus Stein?«
»Verhexte sind oft aus Stein«, sagte Gabriele.
»Die Kaiserin im Volksgarten«, sagte ich, »ist auch aus Stein. Aber die Kaiserin ist doch nicht verhext?«
»Das ist sehr, sehr schwer«, sagte Gabriele und blies auf die Daunenfeder, die sie noch immer in den Fingern hielt. Die Feder bewegte sich, aber sie konnte nicht wegfliegen.
»Was ist schwer?« fragte ich.
»Bis man es weiß...«, sagte sie.
»Was weiß?« fragte ich.
»Wer die Verhexten sind und wer die Figuren sind.«
Gabriele schwieg und sah mich an.
Es war ganz still.
Gabriele lag ruhig in ihrem Bett, sie bewegte sich nicht, sie lag so ruhig, wie nur Madeleine hatte liegen können. Um sie, auf dem Polster, waren ihre Locken ausgebreitet, nach rechts, nach links und oben hin, und ihr weißes Gesicht lag

in einem runden, goldenen Rahmen. Ihre braunen Augen sahen mich an, wie Madeleine mich angesehen, als sie noch ihre Augen hatte.

Mir wurde angst, ich wünschte, daß die Stille aufhören sollte, ich wollte sie wieder sprechen hören, ich wünschte, daß sie sich wieder bewegte, ich traute mich nicht, nach ihrer Hand zu fassen.

Endlich fing ich an zu sprechen und flüsterte: »Sag's mir, bitte, bitte sag's mir!«

Gabriele sah mich noch immer an und bewegte sich nicht.

Nach einer langen Weile sagte sie: »Wirst du es niemandem sagen, niemandem auf der ganzen Welt?«

»Niemandem auf der ganzen Welt«, sagte ich, »ich schwöre!«

Gabriele nahm eine ihrer Locken und wickelte sie um die Finger, die die Daunendecke gehalten hatten. Die Feder flog über die Decke, ich fing sie ein und hielt sie fest.

»Hör zu«, sagte Gabriele und begann zu erzählen. »Zu Hause im Schloß und im Park, da sind viele Steinfiguren. Als ich noch klein war, fürchtete ich mich vor allen, aber jetzt weiß ich's!«

»Was weißt du?« fragte ich.

»Das mit den Figuren«, sagte Gabriele. »Die wenig anhaben – vor denen muß man sich nicht fürchten, die tragen Säulen und Dächer und Lampen, die stehen im Park, am Schloß, im Schloß und am Teich herum und manche spucken Wasser, und das sind alles nur Figuren.«

»Nur Figuren«, wiederholte ich.

»Aber dann sind da die andern«, sagte Gabriele, »die haben viel an, manche sind auf Bildern gemalt in schönen Kleidern und manche stehen da in Stein. Viele sind ganz aus Stein und manche sind halb aus Stein: – halben Leibes Stein vom Wirbel bis zum Herzen –«, das sagte Gabriele ganz langsam, und ich hatte Angst, sie würde wieder schweigen.

Gabriele seufzte, dann fuhr sie fort: »Das aber sind die Ahnen. Viele sind tot, und manche sehen nur so aus wie tot. Um Mitternacht fangen ihre Augen an zu funkeln und zu glühen in den Steingesichtern. Fledermäuse flattern um die verhexten Steine, und du hörst die Eule rufen: ›Schuhu – schuhuuu – schuhuuu –‹.«

»Gabriele«, sagte ich zitternd, »fürchtest du dich nicht zu Tode?«

»Doch«, sagte Gabriele, »ich fürchte mich zu Tode.«
Dann war es wieder ganz still, Gabriele nahm ihre Locke, mit der sie gespielt hatte und legte sie zurück zu den andern aufs Polster.
Nach einer langen Weile fragte ich: »Und die Hexe – ist die auch aus solchem Stein?«
»Die Hexe«, sagte Gabriele, »die kann gehen und sprechen und ist nur halben Leibes Stein vom Knie bis zum Herzen.«
Plötzlich setzte sich Gabriele auf und packte meine Hände.
»Die Probe müßte man machen«, flüsterte sie.
»Die Probe?« rief ich.
»Still«, sagte Gabriele, und ihre Augen funkelten, »die Probe, ob sie wirklich eine Hexe ist.«
Gabriele ließ meine Hände los und legte ihre Hände über ihre Lippen.
Sie sprach leise in ihre Hände hinein, ihre Stimme wurde anders und schien von weit her aus den Vorhängen zu kommen: »Wenn nur ein einziger Blutstropfen aus ihr sickert...«, sagte die Stimme.
Da hörten wir lautes Husten und leise Schritte.
Ich sprang vom Sessel hinunter auf das Eisbärenfell, Gabriele zog die Decke hoch bis an den Mund.
Zwischen den Vorhängen stand die Novak.
Sie trug ein Tablett, auf dem stand ein Teller, der war zugedeckt.
Sie hob den Deckel. »Hendel und Erdäpfelpüree«, sagte sie, »so weit sind wir schon, daß wir das essen dürfen!«
Ich nickte Gabriele zu, grüßte die Novak und lief rasch den Gang entlang zur Ruzicka.
Als wir die Stiege hinuntergingen, zurück zur Schule, lachte die Ruzicka. »Habt's ihr mich hüsteln gehört?« fragte sie, »die Novak, die geht nämlich so leise, daß sie dasteht, bevor man was hört.«
»Wann darf die Gabriele aufstehen?« fragte ich ungeduldig.
»Wanns schon Hendel hat, so in zwei Tagen«, meinte Ruzicka.
»Und wann kann sie wieder bei uns sein?« fragte ich.
»So in vier, fünf Tagen möchte man meinen«, sagte Ruzicka.

Ich wartete auf Gabriele und jeden Abend nahm ich mir das Buch mit ins Bett.

Luise ließ noch eine halbe Stunde das Licht brennen.
Das war eine lange Geschichte, die vom treuen Johannes, und das Licht brannte nur eine halbe Stunde. Aber wenn es dunkel geworden war, weil Luise das Licht ausgelöscht hatte, da konnte ichs auswendig vor mich hinsagen, wie die Gabriele.
Sagt der erste Rabe: »Und wer's weiß und sagt's ihm, der wird zu Stein von den Fußzehen bis zum Knie.«
Sagt der zweite Rabe: »Und wer's weiß und es ihm sagt, der wird halbes Leibes Stein vom Knie bis zum Herzen.«
Sagt der dritte Rabe: »Aber verrät das einer, der es weiß, so wird er ganzen Leibes zu Stein vom Wirbel bis zur Fußzehe.«
Die Raben wußten alles, und der treue Johannes wußte alles, weil er die Sprache der Raben verstand.
Ich hatte den treuen Johannes lieb, der seinem jungen König alles zuliebe tat. Er mußte schreckliche Taten tun, um seinen König zu retten: ein schönes Pferd töten, ein goldenes Brauthemd verbrennen. Der junge König konnte nicht wissen, daß das schöne Pferd ihn fortgetragen hätte in die Lüfte hinein auf Nimmerwiedersehen, er konnte nicht wissen, daß das goldene Brauthemd aus Pech und Schwefel war, und wenn er's angetan, elendiglich verbrannt wäre. Alles das konnte der junge König nicht wissen, warum er aber bei der dritten Tat so böse wurde und dafür seinen treuen Johannes zum Galgen schickte, das konnte ich nicht verstehen, und Burgi wollte mir nicht sagen warum.
Die Burgi, die hatte den treuen Johannes auch lieb, und darum las sie mir seine Geschichte vor, sooft Luise ihr dazu Zeit ließ. Die Burgi hatte die Braut des jungen Königs, die Prinzessin vom goldenen Dach, noch lieber als den treuen Johannes und drum las sie mir immer wieder ihre Hochzeit vor.
»Der Tanz hub an«, las Burgi, »und die Braut trat hinein, da hatte der treue Johannes acht und schaute ihr ins Antlitz.« An dieser Stelle schon fing Burgis Finger, den sie unter die Worte schob, die sie las, zu zittern an. »...auf einmal erbleichte sie und fiel wie tot zur Erde. Da sprang er eilends hinzu, hob sie auf und trug sie in eine Kammer, da legte er sie nieder, kniete und sog die drei Blutstropfen aus ihrer rechten Brust und spie sie aus. Alsbald atmete sie wieder.«

Und dann fing die Burgi bitterlich zu weinen an und konnte lange nicht weiterlesen. Wenn sie endlich weiterlas und las, wie böse der junge König wurde, und wie der arme treue Johannes unterm Galgen sagte, warum er die Taten getan und unterm Sagen zu Stein wurde, da fing ich jedesmal zu weinen an und beruhigte mich erst, als der König seinen liebsten Kindern die Köpfe abschlug und mit ihrem Blut den treuen Johannes bestrich. Wie aber das Blut auf den Stein kam, da wurde der treue Johannes gleich lebendig und zum Dank setzte er den Kindern die abgehackten Köpfe wieder auf, so daß sie wieder herumsprangen und spielten, als wäre ihnen nichts geschehen. Und die Königin kam auch dazu, und dann lebten sie zusammen in Glückseligkeit bis an ihr Ende.

Das war eine schöne Geschichte, und ich erzählte sie mir immer wieder selbst, denn die Burgi las sie mir schon lange nicht mehr vor, weil sie Angst hatte vorm Weinen.

Da merkte ich mir auch das: »... und sog die drei Blutstropfen aus ihrer rechten Brust...«, und auch das konnte ich im Dunkeln vor mich hinsagen.

Nach fünf Tagen war Gabriele wieder bei uns.

Gabriele sagte: »Ich kann hier nicht in die Küche gehen, die Novak sieht alles.«

Ich sagte zu Burgi: »Geh in unsre Küche, wenn die Luise nicht da ist und hol eine Spicknadel, ich weiß nicht, wo sie ist, und sag der Luise nichts, garnichts!«

Die Burgi gab mir die Nadel und sagte Luise nichts. Die Burgi sagte: »Sie merkt eh nichts, weil nichts zum Spicken ist, wenn die gnädige Frau nicht da ist.«

Ich versteckte die Nadel in meiner Schultasche und zeigte sie der Gabriele, die nickte.

Wir warteten: einen Tag, zwei Tage, drei Tage, nie stand die Hexe still.

Am vierten Tag aber blieb sie stehen, im Gang. Die Kinder, die schon zu Mittag weggehen konnten, zogen im Gang ihre Mäntel an und holten ihre Körbchen von den Haken.

Nur zwei große Mädchen standen ohne Mäntel vor der Hexe. Sie hatten die Köpfe gesenkt, und die Hexe deutete mit den Fingern auf sie.

»Strafe«, flüsterte Gabriele, und da wußten wir, die Hexe würde eine ganze Weile lang starr und steif vor ihnen stehenbleiben.
Die Mäntel der zwei Mädchen hingen noch an der Wand, und die Hexe stand zwischen den Mädchen und den Mänteln.
Gabriele schob mich zu den Mänteln und stellte sich neben mich.
Ich nahm die Spicknadel aus der Schürzentasche und hielt sie fest in der Hand. Ich hörte Gabrielens Herz laut klopfen, ich hörte die Mädchen weinen, ich hörte die Hexe sagen: »Strafe muß sein«, ich hörte Gabriele flüstern: »Jetzt!«
Und dann stach ich in die Hexe.
Und dann standen wir ganz still in den Mänteln, als sei der Stein in uns gefahren, und konnten uns nicht von der Stelle rühren.
Die Hexe stand auf ihrem Platz, drehte sich nicht um, rührte sich nicht.
Da riß Gabriele mich aus den Mänteln, nahm mich bei der Hand und lief mit mir fort.
Da rief die Stimme der Hexe: »Stehenbleiben!«
Wir blieben stehen, ohne uns umzudrehen und hielten uns fest bei der Hand.
»Man läuft nicht«, sagte die Hexe, »das schickt sich nicht, man geht langsam.«
Wir gingen langsam bis zur Ecke des Ganges, wo sie uns nicht mehr sehen konnte.
Dort blieben wir stehen und keuchten.
»Bist du auf Stein gestoßen?« fragte Gabriele.
Ich nickte und hielt ihr die Nadel hin.
Auf der Nadel war kein einziger Tropfen Blut.

XIII Die Mutter

Am nächsten Morgen wachte ich sehr früh auf.
Seit drei Tagen war Putzen.
Von sechs Uhr früh an quietschten Fenster, klirrte Silber, stöhnten Möbel, es roch nach häßlicher Seife, Spiritus, Silberpulver und angebrannter Milch.

Alle vier Wochen war Gründlichmachen und im Frühling und im Herbst war Großgründlich.

Die Mama sagte, eine Wohnung müßte so blitzblank sein, daß man vom Fußboden essen könne. Aber als ich mich einmal mit dem Suppenteller auf den Fußboden setzte, kam die Luise herbei und sagte: »Gleich aufstehen, so was tut ein anständiger Mensch nicht, das tun nur Bettler, was ganz arm sind!«

Die Luise und die Burgi trugen seit drei Tagen nicht mehr ihre hübschen rosa und blauen Kleider – eine Köchin ist immer rosa, wußte ich, ein Stubenmädel immer blau oder manchmal schwarz beim Servieren.

Aber in den Tagen hatten sie auch keine weißen Schürzen an und anstatt ihrer hübschen weißen Häubchen trugen sie graue Tücher auf dem Kopf, sie sahen böse drein und schmutzig aus, während um sie herum alles glänzender und saubrer wurde.

Burgi mußte kochen und ließ Milch anbrennen, sie kochte Geschwindessen, dünne Suppen, die schwer anbrennen konnten, das Geselchte war hart und garkeine Knödel gab es dazu.

Niemand kümmerte sich um mich, und wenn sie mich sahen, so waren sie ungut.

Die Böden waren mit lauter Tüchern bedeckt, auf denen man gehen mußte, ohne einen Schritt breit abzuweichen. Nichts durfte man anrühren, ohne daß Luise rief: »Achtgeben, das ist schon geputzt.«

»Ich habe keine schmutzigen Hände«, rief ich böse und wenn sie mich ganz böse machten, dann legte ich mich mit meinen Straßenschuhen auf meine weiße Diwandecke, und die machten schmutzige Flecken.

»Alles zu Fleiß tut einem das Kind«, sagte Luise und kränkte mich damit so sehr, daß ich keine Antwort mehr gab, Frühstück und Abendessen verweigerte – in der Schule gab es genug zu essen zu Mittag.

Nun war schon der dritte Tag, und ich hatte dieses Mal vom Putzen nichts bemerkt, weil ich immerfort an die Hexe denken mußte.

Als ich an dem Morgen nach der Hexenprobe aufwachte, roch ich Wachs und hörte ein Geräusch, beides bedeutete das Ende des Gründlichmachens. Ich sprang aus dem Bett und lief im Nachthemd in den Salon, ohne meine Pantoffeln anzuziehen.

Alle Möbel waren an die Wände gerückt, über das Seidensofa und die seidenen Stühle waren gelbe Überzüge gezogen, die nur abgenommen wurden, wenn Mama da war. Das Klavier stand in der Mitte des Zimmers, und um das Klavier tanzte Burgi.

Sie hatte keine Schuhe an, an den einen Fuß war eine Bürste angeschnallt, der andere stand auf einem weichen Tuch. Mit dem Bürstenfuß fuhr sie hin und zurück, den Tuchfuß schwenkte sie hin und her. Die Röcke hatte sie hochgebunden, bis hoch über die Knöchel, sie bewegte Füße und Beine über den Parkettboden und wo sie getanzt hatte, blieb eine glänzende Spur auf dem Boden zurück. Ihre Wangen waren rot, ihre Augen glänzten, und sie fing an zu singen.

Ich stand in der Türe und sah ihr zu.

Da kam die Luise und sagte zu Burgi: »Siehst du nicht, daß das Kind dasteht und sich verkühlt? Und singen tät ich auch noch nicht, wenn ich du wär!«

Burgi blieb still stehen, ihr Bürstenfuß zitterte, ihr Tuchfuß war ganz verdreht, und die Tränen liefen ihr über die Wangen.

»Also so angerührt muß man auch nicht gleich sein«, sagte Luise. »Gewöhn dich nur, was man alles hören und fühlen muß, wenn man arm ist und im Dienst ist. Und nie vergessen aufs Dankbarsein, hast du gehört?«

Luise half der Burgi das Klavier an seinen Platz schieben. »So, und jetzt noch schön brav die Mitte von Salon putzen«, sagte Luise und nahm mich auf den Arm, obwohl ich schon viel zu groß dazu war.

Sie trug mich zurück ins Bett und rieb meine Füße: »Ohne Potschen«, sagte sie, »geht man nicht heraus aus dem warmen Bett, ohne daß man sich verkühlen möcht! Ich bring dir jetzt den Cacao ins Bett, daß dir wieder heiß wird, es ist eh noch viel zu früh zum Aufstehen.«

Sie brachte mir den Cacao und die Semmel und schmierte Butter und Honig auf die Semmel.

»Vernünftig mußt du sein und nicht immer so bös, wann wir putzen müssen. Und deine Kommod, die kannst du dir selber putzen, damit die auch schön ist.«

Ich machte die Personen, Tiere und Dinge auf dem Aufsatz

meiner Kommode gründlich, ich bat sie um Verzeihung, daß ich sie stören mußte, und ging sehr behutsam mit ihnen um.
Dann ging Luise mit mir ins Badezimmer und paßte auf, daß ich ganz glänzend würde vor lauter Waschen, zog mir das Matrosenkleid an und setzte mir den Matrosenhut auf mit dem Tegetthoffband und gab mir weiße Handschuhe zum Anziehen.
»Was ist denn heute?« fragte ich Luise.
Luise wurde rot: »Weil du brav bist«, sagte sie, nahm ihren größten Einkaufskorb und führte mich zur Schule.

In der Schule wartete Gabriele auf mich. In der großen Pause zog sie mich in eine dunkle Ecke zu den Mänteln. Sie deckte uns mit einem Mantel zu.
»Hast du die Nadel?« sagte sie.
Ich zog die Nadel aus der Tasche und gab sie ihr.
Sie zog die Nadel zwischen zwei Fingern durch und sagte: »Nichts spüre ich, garnichts.«
»Kein Tropfen Blut ist auf der Nadel«, sagte ich.
»Hast du denn fest zugestoßen?« sagte Gabriele.
»Ganz fest«, sagte ich, »und alles war Stein, und die Nadel, hab ich Angst gehabt, wird abbrechen!«
»Das ist furchtbar«, sagte Gabriele, »dann ist sie eine Hexe!«
»Sie ist aus Stein«, sagte ich, »und niemand wird sie erlösen!«
In diesem Augenblick bewegte sich der Mantel, der uns zudeckte.
Jemand griff in die Manteltasche und sagte: »Wer ist aus Stein?«
Ich erkannte die Stimme und wußte, daß es Käthe war.
»Das ist mein Mantel«, sagte sie und zog ihn weg von uns.
Da standen wir vor Käthe, und Gabriele hielt noch immer die Nadel in der Hand.
»Was habt ihr mit der Nadel getan?« fragte Käthe.
»Ich weiß nicht!« sagte ich.
»Lüg nicht!« sagte Käthe, »ich habe alles gehört.«
»Schweig«, rief Gabriele.
»Ich weiß nicht, ob ich schweigen werde«, sagte Käthe. »Bis jetzt habt ihr Glück gehabt. Wenn sie nicht so viele Fischbeine hätte . . .«

»Fischbeine?« sagte ich, »sie hat Fischbeine?«
»Das weißt du doch«, sagte Käthe ungeduldig, »daß jede Dame ein Mieder hat aus lauter Fischbeinen, und Fräulein von Weser ist eine Dame!«
»Ich weiß«, sagte ich, »ich weiß, aber das ist doch nicht wahr?«
Käthe sah die Nadel an, die Gabriele noch immer in der Hand hielt.
»Wenns nicht wahr wäre«, sagte Käthe, »dann hätte Fräulein von Weser eure Nadel gespürt, und dann würdet ihr beide aus der Schule fliegen: du sicher und Gabriele vielleicht.«
Käthe starrte Gabriele an: »Du hast schöne Locken«, sagte sie, dann beugte sie sich vor und riß Gabriele die Nadel aus der Hand.
»Gib die Nadel zurück«, sagte Gabriele.
»Mir kannst du nichts befehlen«, sagte Käthe, und ihre Augen funkelten.
»Gib die Nadel her«, sagte ich in großer Angst. »Gib sie her! Warum willst du die Nadel haben?«
»Ich weiß noch nicht ...«, sagte Käthe, steckte die Nadel in die Tasche und ging weg.
»Sie wird uns verraten«, sagte Gabriele und schloß die Augen.

An diesem Tag kam Fräulein von Weser auf mich zu und sagte, ich dürfe schon zu Mittag nach Hause gehen.
Gabriele stand neben mir, als Fräulein von Weser das sagte.
Als sie weggegangen war, sahen wir uns erschrocken an, Gabriele faßte meine Hand und sagte: »Fürchte dich nicht.«
Ich sagte: »Ich werde nichts verraten, ich habe geschworen.«
Ich ging die Stiegen hinunter, alle hundertundsieben Stufen, hinter mir war Käthe.
Wir sprachen kein Wort miteinander. Als wir durch das große Haustor gegangen waren, packte sie meine Hand und hielt mich fest.
Sie deutete mit dem Finger und stammelte: »Schau dorthin – dort – so schön, so schön – so schau doch – so schön möcht ich sein!«
Ich schleuderte ihre Hand weg und lief auf die Gedeutete zu.
Da stand sie in ihrem blauen Kleid, weiße Spitzen rieselten um ihren Hals in den Samtkragen der blauen Jacke. Sie hatte

den blauen Hut auf, und der war voller Blumen. In der Hand hielt sie einen aufgespannten Sonnenschirm, der Griff war aus Elfenbein.
Ich stand vor ihr, ich küßte ihre Hand, sie roch nach Veilchen.
Sie beugte sich herab, küßte mich auf die Stirn. Ihre Augen waren blau, ihre Haare waren aus Gold, und ihr Gesicht war kerzenweiß hinter dem blauen Schleier.
Käthe stand hinter mir.
Ich sagte: »Das ist Käthe, und das ist meine Mama.« Käthe knixte und zitterte, als sie die Hand meiner Mama küßte.
Da rief eine Stimme: »Käthe!«
Ich drehte mich um und sah eine Gestalt in der dunklen Hausecke stehen. Ich konnte sehen, daß sie einen grauen Mantel trug und einen braunen Hut aufhatte, aber ihr Gesicht konnte ich nicht sehen.
Da rief es nochmals »Käthe«.
Käthe drehte sich langsam um und ging auf die Gestalt zu, die Käthe gerufen hatte. Als sie vor ihr stand, sagte Käthe ganz laut: »*Sie* sind es, Rosa, *Sie* holen mich heute ab?«
»*Ich* bin es«, sagte die Frau im grauen Mantel, und da erkannte ich die Stimme.
»Die Mutter«, flüsterte ich ganz leise, »ihre Mutter«, und schlug mir die Hand auf den Mund.
»Was hast du?« sagte Mama, »fürchtest du dich vor Käthes Dienstmädchen?«
Ich nickte.
»Du bist ein Fürchterich«, sagte Mama und lächelte. »Freust du dich nicht, daß ich wieder da bin?«
»Ich freue mich«, sagte ich.
Sie nahm mich bei der Hand, ihr Schirm war über ihr und mir.
Ihre Hand war von einem weißen Glacéhandschuh umhüllt, und meine Hand steckte in einem weißen Zwirnhandschuh.
»Du hast kalte Hände«, sagte Mama.
»Mir ist nicht kalt«, sagte ich.
Die Sonne schien durch den hellblauen Schirm, und auf dem langen, elfenbeinernen Griff hüpfte ein blaues Licht.
Wir gingen unter dem runden, blauen Dach, beschützt und beschirmt. Ich schaute aufs Pflaster hinunter und sah meine Schuhe gehen, den Rock der Mama sich bewegen, nur

manchmal lugten die Schuhspitzen unter ihrem langen Rock hervor. Um uns bewegten sich viele Röcke, Röhren in Schuhen, Pferdehufe klapperten, Gummiräder drehten sich.
Ich stolperte, Mama hielt mich fest an der Hand.
»Gib acht«, sagte Mama, »und vergiß nicht zu grüßen.«
Das Dach über uns bewegte sich, Mama grüßte und dankte und ich nickte oft, um nichts zu versäumen.
Nun aber blieb Mama stehen und streckte ihre Hand aus. Mit der andern Hand schob sie das Dach zurück und drehte den Elfenbeingriff hin und her, so daß unser Schirmdach sich zu drehen begann.
Ihre ausgestreckte Hand wurde geküßt, und dann sah ich einen großen Herrn in einem dunklen Mantel vor uns stehen.
Ich knixte.
»Endlich wieder zurück?« sagte der Herr.
»Seit heute früh«, sagte Mama.
»Einen Augenblick, bitte«, sagte der Herr.
Ganz nahe von uns war ein großer Korb mit Blumen, der wurde von einer dicken Frau getragen. Von dem Korb ging ein so starker Duft aus, daß mir das Atmen schwer wurde.
Der Herr winkte, und die dicke Frau stampfte auf uns zu.
Der Korb war voller Maiglöckchen.
»Den halben Korb«, sagte der Herr.
»Das ist zuviel«, sagte Mama, »das kann ich nicht tragen.«
»Es sind doch Ihre Lieblingsblumen«, sagte der Herr, »und Ihre kleine Tochter wird Ihnen helfen, sie zu tragen.«
Die dicke Frau begann, die vielen Blumen in viele Papiere zu wickeln.
Der Herr überreichte der Mama einen großen Strauß davon, dann beugte er sich herab und legte mir kleine, in Papier gehüllte Sträuße wie Puppen in die Arme.
»Nun ist es aber genug«, sagte Mama und lächelte.
Der Herr zog seine Börse, nahm Geldstücke heraus und warf sie in den Korb, sie rollten dorthin, wo die Blumen gestanden hatten.
»Des is z'viel, Herr Graf«, sagte die dicke Frau, und ihre Wangen glänzten wie rote Gummibälle.
»Behalten Sie's«, sagte der Herr.

»Küß die Händ, Herr Graf«, rief sie immer wieder und dazu lachte sie mit ihrem Bauch, der Korb schwankte, die Maiglöckchen darin bewegten sich wie im Wind.
Der Herr küßte Mama wieder die Hand und sagte: »Auf Wiedersehen!«
Mama sagte: »Danke«, und nickte.
Ich knixte und hielt die Blumen ganz fest.
Mama konnte mich nicht mehr an der Hand halten wegen der vielen Blumen, ich mußte neben ihr hergehen. Sie hatte das Dach wieder über uns gezogen.
»Das ist ein schöner Herr«, sagte ich, »ich hab ihn nie gesehen!«
»Es ist der Graf von Totleben«, sagte Mama, »er ist oft in Wien, aber er lebt nicht hier.«
»Ist er sehr reich?« fragte ich und schaute auf die vielen Blumen.
»Er ist sehr, sehr reich«, sagte Mama, »er besitzt große Güter, weit weg von hier im Osten.«
Mama schwieg, und ich begann einen Singsang vor mich hinzusummen: »Oss-ten-Oss-ten-Tootlebn – Tootlebn – Osss-ten...«, und dabei sah ich ein Schloß auf einer Wiese, und auf der Wiese wuchsen lauter Maiglöckchen, und der Herr stand auf der Wiese in seinem dunklen Mantel und war der Herr der Maiglöckchen.
»Ich höre«, sagte Mama, »was du da vor dich hinsingst.«
Ich verstummte.
»Ja, es ist ein merkwürdiger Name«, sagte Mama: »Totleben«, und das sagte sie ganz langsam, dann lächelte sie und schüttelte den Kopf, »aber das verstehst du nicht.«
»Ein schöner Herr«, sagte ich, und wir gingen weiter unter unserm Dach, ganz eingeschlossen von dem Maiglöckchenduft.

XIV Die Nadel

Am nächsten Morgen führte mich Luise sehr früh zur Schule.
Als ich die Stiege hinaufging, hörte ich, wie jemand hinter mir die Treppen hinauflief.

Im zweiten Stock hatte mich Käthe eingeholt.
Sie fiel neben mir auf die Stufen und hielt ihre Hände hoch.
Sie wickelte ihre Hände ineinander, daß ich die Knochen knacken hörte.
»Verrat mich nicht«, bat sie.
Ich sah sie vor mir auf den Stufen liegen und stieß mit dem Fuß nach ihr. »Du hast Rosa gesagt zu deiner Mutter«, sagte ich und spürte, wie meine Wangen heiß wurden und meine Ohren sich röteten vor Zorn.
»Wenn du mich verrätst«, sagte Käthe, »dann bring ich mich um!«
Zwei Mädchen aus unsrer Klasse kamen die Stiegen hinauf.
»Bist du hingefallen, Käthe?« fragte die eine.
»Hast du dir weh getan?« fragte die andere.
Käthe sprang auf, putzte ihren Mantel ab und antwortete nicht.
Als die Mädchen vorübergegangen waren, öffnete Käthe ihren Handarbeitskorb. Sie rollte ihre Häkelarbeit auf, und aus dem langen Häkelstreifen fiel etwas Glitzerndes auf die Steinstufen und klirrte die Stufen hinab. Käthe lief die Treppen hinunter und holte das Glitzernde ein. Sie lief zurück zu mir und sagte ganz außer Atem: »Da hast du die Nadel.«
Ich nahm die Nadel und hielt sie fest.
»Du verrätst mich nicht?« fragte Käthe.
»Ich hasse dich«, sagte ich, »aber deine Mutter werde ich nie verraten!«

An diesem Nachmittag holte mich Ruzicka und führte mich zu Gabriele. Ruzicka weinte und sagte viel auf böhmisch, ich konnte nicht verstehen, was sie sagte.
Gabriele saß im Bett, ihre Locken waren zerzaust, ihre Wangen waren rot. Neben dem Nachttisch stand Fräulein von Weser und tropfte Tropfen in ein Glas.
»Komm doch«, sagte Gabriele, »warum bist du nicht gekommen?«
Ihre Augen standen ganz rund in ihrem Kopf, und ich bekam Angst, sie könnten ihr aus dem Kopf fallen.
»Wo ist die Nadel?« rief sie. »Wo hast du die Nadel?«
Ich griff in die Tasche meiner schwarzen Lüsterschürze und zog die Nadel heraus. Fräulein von Weser hatte aufgehört, Tropfen zu zählen. Sie sah mich nicht an.

»Wo hast du die Nadel?« rief Gabriele wieder, und ihre runden Augen waren voller Tränen.
Ich traute mich nicht, mich umzusehen, ich zitterte und legte die Nadel auf die Bettdecke.
Gabriele packte die Nadel und wälzte sich im Bett, bis sie auf die Knie zu fallen kam.
Sie hielt mit beiden Händen die Nadel dem Bild entgegen, das über ihrem Bett hing.
»Hilf mir«, sagte sie zu dem Bild, »hilf mir, ich fürchte mich!«
»Nur Gott kann dir helfen«, sagte Fräulein von Weser, und da wußte ich, daß Gabriele nicht wußte, daß Fräulein von Weser im Zimmer war. Sie hörte nichts und warf sich zurück in die Polster, so heftig, daß die Nadel ihre Wange ritzte.
Sie bedeckte mit der Hand die Wunde, dann zog sie die Hand wieder fort und hielt mir die Nadel hin.
»Blut«, sagte sie, und ihre Augen leuchteten, »jetzt hat die Nadel Blut!« Dann schrie sie: »Ich bin keine Hexe, ich bin nicht aus Stein ...«, und dann sang sie: »Ich bin nicht aus Stein, ich bin keine Hexe« – immer wieder, immer wieder sang sie es.
Ich hörte keinen Laut von Fräulein von Weser, aber ich spürte, daß sie noch da war.
Jetzt hatte Gabriele aufgehört zu singen.
Sie fuhr mir mit der Hand übers Gesicht, und ein Weniges von ihrem Blut blieb auf meiner Wange.
Sie schob mir die Nadel hin.
»Behüte sie«, flüsterte sie, »und sag es nie – nie –!«
Sie lag nun ganz still, und ihr Atem war laut.
Ich hielt die Nadel fest an mich gepreßt.
»Du kannst gehen!« sagte Fräulein von Weser leise.

Am nächsten Vormittag wurde ich aus der Rechenstunde gerufen zu Fräulein von Weser.
Als ich in dem großen Zimmer stand, sah ich, daß ihre Tante nicht hinter dem Schreibtisch saß.
Fräulein von Weser war ganz allein.
Sie saß auf einem Stuhl, vor ihr stand ein Tisch, sie hatte ihre gefalteten Hände auf die weiße Spitzentischdecke gelegt.

Sie sah mich an und sagte ganz langsam: »Gott hat Gabriele zu sich genommen.«
Ich faßte den Tisch an und bohrte die Finger in die Spitzendecke. »Der liebe Gott?« fragte ich, »der liebe Gott?«
»Ja«, sagte sie, »heute am frühen Morgen ist es geschehen.«
Sie stand auf, holte einen Stuhl und schob ihn mir zu.
»Setze dich«, befahl sie.
Ich saß ihr gegenüber.
»Gestern abend haben wir Gabriele ins Krankenzimmer gebracht«, sagte sie, »der Arzt war die halbe Nacht da, ich wachte die ganze Nacht bei ihr.« Fräulein von Weser schwieg.
Nach einer Weile sagte sie: »Sie erkannte mich nicht mehr. Sie sprach mit dir, sie glaubte, du seist bei ihr. Sie sagte, du sollst den Schwur halten, du sollst die Nadel behüten, du sollst es niemandem sagen!«
Ich faßte den Tisch immer fester an, ich verstand alles, was Fräulein von Weser sagte, aber ich hörte die Stimme von weit her und ich war inmitten eines großen Traums.
»Wenn ihr Vater kommt«, sagte die Stimme, »um sie heimzuholen, und er frägt dich, so sollst du nichts sagen, so wollte es Gabriele, damit sie Ruhe habe im Grabe.«
»Ist Gabriele tot?« fragte ich.
»Sie ist tot«, sagte die Stimme, »und du mußt lernen, dies zu glauben, dich damit abzufinden.«
»Muß ich in die Schule gehen, wenn Gabriele nicht mehr da ist?« fragte ich.
»Nein«, sagte die Stimme, »das mußt du nicht. Ich werde dich frei geben für eine lange Reise, damit du nicht krank wirst.«
Ich sprang vom Stuhl auf und lief um den Tisch herum auf Fräulein von Weser zu.
»Wenn ich aber krank bin, dann kann ich doch sterben?« rief ich.
»Du sollst nicht sterben«, sagte Fräulein von Weser und strich mir mit ihrer Hand über die Augen. »Du solltest weinen«, sagte sie.
Ich spürte ihre Hand, ich spürte, daß sie warm war, ich wollte weglaufen, Gabriele suchen und ihr sagen, daß die Hand warm, daß die Hand nicht kalt ist.
Aber ich lief nicht, ich blieb stehen und wußte mit einem Schlag, daß ich Gabriele nicht mehr finden würde.

»Du darfst gehen«, sagte Fräulein von Weser. »Ich habe deine Mama verständigt, du wirst bald abgeholt werden.«
Ich knixte und küßte ihr die Hand.
»Ich bin sehr müde«, sagte sie, »Gott beschütze dich.«

XV Der Weichselzopf

Mama sagte, ich solle in den Salon gehen und Klavier spielen.
Das Telephon war im Vorzimmer vor dem Kinderzimmer, und ich konnte alles hören, was ins Telephon gesprochen wurde.
Mama wollte manches Mal nicht, daß ich hörte, was sie sagte, dann schickte sie mich in den Salon und wenn sie mir befahl, Klavier zu spielen, dann wußte ich, daß es lange dauern würde, bis ich wieder in mein Zimmer zurück durfte.
Ich setzte mich ans Klavier, schlug den Deckel auf und meine Finger suchten die Tasten zu:
> Hänschen klein, ging allein
> in die weite Welt hinein ...

Die Finger fanden die rechten Tasten, und ich war wohlgemut wie das Hänschen.
Dann kam das »Männlein« dran:
> Ein Männlein steht im Walde
> ganz still und stumm
> und hat von lauter Purpur
> ein Mäntlein um ...

und als es zu der Stelle von dem »pur-pur-ro-o-ten Mäntelein« kam, griffen meine Finger die falschen Tasten. Ich versuchte es immer wieder, dann wurde ich zornig, schlug mir auf die Finger und patschte mit beiden Händen auf die weißen und schwarzen Tasten, daß es einen häßlichen Klang gab.
Ich erschrak und riß die Hände weg vom Klavier.
Ich stand auf und ging ganz leise zur Tür, um nachzusehen, ob Mama den Lärm gehört hatte oder ob sie noch telephonierte.
Ich machte die Tür ein wenig auf und hörte Mama sagen:

»Natürlich muß ich oft verreisen, dafür kann ich nichts, ich bin krank. Für das Kind wird immer gesorgt.«

Dann schwieg sie, ich spürte, wie Tränen in meine Augen stiegen, und ich wußte, daß die Mama mit dem Onki telephonierte.

Nun hörte ich wieder die Stimme der Mama, die sagte: »Drei Wochen kannst du sie mitnehmen, nicht einen Tag länger. Dann komme ich. Ich wünsche nicht – –«

Ich machte die Türe leise zu und lief zum Klavier zurück.

Ich schaute die Tasten an, die schwarzen hatte ich lieber als die weißen. Die schwarzen kämen erst später dran, wenn ich besser spielen könnte, hatte die Klavierlehrerin gesagt, und so mußten meine Finger auf den weißen Tasten hämmern und darauf warten, bis es ihnen erlaubt werden würde, auf die schwarzen Tasten zu klettern.

Ich hatte schon ein halbes Jahr lang Klavierstunden gehabt, die Klavierlehrerin war deutsch und alt und freundlich, sie schlug mir nie auf die Finger, sie wurde nur traurig, wenn meine Finger auf die falschen Tasten gerieten. Sie ließ mich auch gleich von Anfang an nach den Fingerübungen Lieder spielen, und ich konnte schon elf Lieder spielen, von den Noten ablesen und auswendig.

»Mariechen« war aber nicht in meinem Notenheft, und so versuchte ich es jetzt mit einem Finger zu spielen:

    Mariechen saß auf einem Stein, einem Stein,

    einem Stein –

    und kämmte sich ihr goldnes Haar,

    goldnes Haar –

Das alles ging ganz leicht und ohne Fehler, und als ihr Bruder Karl herbei kam, sie fragte: »Mariechen warum weinest du?«, und sie singt: »Weil ich noch heute sterben muß«, da öffnete sich die Türe, und die Mama kam herein.

Sie hatte ein hellbraunes Kostüm an, einen dunkelbraunen Seidenhut auf, und ihr brauner Schleier war mit weißen Tupfen gesprenkelt. In der Hand hielt sie einen hellen Schirm an einem hellen Stock mit goldenem Knauf.

Sie hielt den Schirm hoch, damit die Spitze nicht den Teppich berühren konnte und deutete mit der Spitze auf die Klaviertasten.

»Du solltest Fingerübungen spielen und richtig üben. Im Herbst wirst du wieder Klavierstunden nehmen!«

»Darf ich nicht gleich Klavierstunden haben?« fragte ich.
»Nein«, sagte Mama, »du wirst nicht hier sein, du wirst auf eine große Reise gehen.«
»Mit dem Onki?« rief ich und sprang vom Klavierstuhl herunter und hüpfte auf einem Bein. Dann aber blieb ich stehen, still und stumm und sah, wie sich die Schirmspitze auf den Teppich senkte.
»Die Reise geht diesmal nach Holland«, sagte Mama.
»Darf ich bitte mein Nizzakleid mitnehmen?« fragte ich.
»Es ist dir zu klein geworden«, sagte Mama.
»Aber die Burgi sagt, sie könnte es richten, es sind so viele Spitzen dran, genug Spitzen ...«
Mama zuckte die Achseln: »Zu viel Änderungen – – –«
Mama drehte sich um, sagte »Adieu« und ging so rasch zur Türe, daß ich erst knixen konnte, als sie die Türe schon hinter sich geschlossen hatte.
Ich hörte Mama mit Luise sprechen im Gang vor dem Salon, ich hörte die Wohnungstüre zuklappen.
Ich lief aus dem Salon hinaus auf Luise zu, klammerte meine Hände um ihren Hals, zog mich hoch an ihr und küßte sie immerfort auf beide Wangen.
»Luise: Holland«, schrie ich. »Holland, Luise! – Holland – Holland – Holland«, es schien mir, als könnte ich mich von dem schönen Wort Holland gar nicht trennen.
Als ich wieder auf dem Boden stand, sah mich Luise kopfschüttelnd an: »Gern hast du mich«, sagte sie, »sehr gern, aber was der Herr Doktor ist, den hast du noch lieber!«
»Den Onki!« rief ich, »den Onki! den hab ich am aller-, allerallerliebsten auf der ganzen Welt!«
»Freilich«, sagte Luise, »drum tät sich die arme Frau Mama auch so kränken.«
»Warum?« sagte ich, »ich hab ja auch den lieben Gott lieber als die Mama!«
»Was versteht so ein Kind!« seufzte Luise. »Also in drei Tagen fährst du weg, da können wir in der Nacht und am Tag arbeiten, damit alles schön hergerichtet ist für die Reise!«
»Und das Nizzakleid – – Luise, das schöne Nizzakleid vom Onki, das muß ich doch haben auf der Reise, und der Hut paßt noch immer und der Pompadour dazu auch!« Ich hob flehend die Hände.

»Oben zu eng und unten zu kurz, schau dich nur an im Spiegel, wie du gewachsen bist, aber Spitzeln wären viele da, und wann die Burgi heimlich in der Nacht arbeiten tät zum Umändern, wird die Gnädige nichts sagen, wanns fertig und recht ist!«

Ich küßte Luise wieder, und sie sagte: »Nicht so viel busseln, weil gleich wirst du böse auf mich sein, sehr bös, weil wir nämlich müssen kopfwaschen.«

»Nein«, schrie ich, »nein, warum denn?« und stampfte mit den Füßen.

»Weil Kopfwaschen muß sein in einem anständigen Haus, und wann man auf eine schöne, weite Reise geht, muß man glänzende, saubre Zöpf haben, und wann man Nizzakleidel anziehen will, kann man darüber nicht Haar hängen lassen wie einen schmutzigen Mantel.«

In die leere Badewanne wurde ein großes weißes Lavoir gestellt unter den Wasserhahn.

Ich mußte in die kalte, leere Badewanne steigen, »damits nicht pritschelt«, sagte Luise, ich mußte mich hinknien, mir die Augen zuhalten mit einem Frottiertuch und den Kopf übers Lavoir beugen.

Luise faßte meine Haare und warf sie mir über den Kopf hinein ins Lavoir. Wenn dann mein Hals ganz kalt und unzugedeckt von den Haaren war, spürte ich jedesmal: so muß es sein, wenn einem der Kopf abgeschlagen wird.

Ich erstickte fast unter dem Tuch, das ich ans Gesicht preßte, das Tuch wurde naß, und die Seife tropfte aus den Haaren in die Augen. Ich brüllte, riß das Tuch weg, und Wasser floß mir vom Hahn durch die Haare in den Mund.

Ich gurgelte, spuckte, schlug um mich.

Luise rief: »Burgi! Herkommen!«

Die Burgi zwängte ein frisches Handtuch unter die nassen Haare und versuchte, mir das Gesicht abzutrocknen.

Burgi hielt meine Hände fest, damit Luise meine Haare wie ein Leintuch reiben und rippeln konnte.

Dann wurde gespült und gespült, ein ganzer Kübel voll stinkendem Essigwasser über den Kopf gegossen, »damit kein Stückl Seifen möcht picken bleiben«, sagte Luise und dann ließ sie wieder Wasser aus dem Hahn übers Haar laufen, zuerst warmes und dann kühles. Zuletzt warf sie die Haare zurück über den Kopf, ich mußte in der Badewanne auf-

stehen, und die nassen, kalten Haare klatschten mir auf den Rücken.
Die Haare wurden ausgewunden und geschüttelt, ich zitterte vor Kälte, und nur die Wut wärmte mich ein wenig.
Luise hob mich aus der Badewanne, setzte mich auf einen Teppich auf den Boden vor dem Wärmeofen und breitete die Haare um mich aus wie einen Mantel.
Ich ballte die Fäuste: »Nie mehr will ich haarwaschen, nie mehr – nie mehr!«
»Und so jemand will nach Holland!« sagte Luise und fing an, die nassen Haare zu bürsten. »Schön bürsten muß man gleich und auch noch bissel kämmen, bevors trocken ist, weil sonst eine Verwirrnis aufkommen tut, was später zu viel schmerzen möcht!«
Burgi hatte eine Tasse Schokolade gebracht und vor mich auf den Teppich gestellt.
Luise hockte neben mir auf einem niedren Fußstockerl, Burgi stellte einen großen Hefen Kaffee neben sie hin.
»Einen Guglhupf könnten wir auch essen«, sagte Luise zu Burgi, »und schön auf den Sessel stellen, damit nichts bröselt davon!«
Ich war mit der Luise allein im Badezimmer. Hinter meinem Rücken zischten die Gasflammen, alles war in Dunst und Wolken eingehüllt, es war schwül, und ich meinte, es könnte auch ganz ohne Himmel über uns im Zimmer zu regnen beginnen. Ich streckte die Hand aus, um die Regentropfen zu fühlen, aber ich fühlte keine Tropfen, und der riesengroße Spiegel vor mir an der Wand zeigte keine ausgestreckte Hand. Er war grau und wollte nicht spiegeln.
»Heiß ists«, sagte Luise und schlürfte ihren Kaffee, »lang werden wir sitzen müssen in der Hitzen, bis die vielen Haar trocken sind.«
Sie schob mir ein Stück Guglhupf in den Mund.
»Luise«, seufzte ich, »ich fürchte mich so vorm Auskämmen!«
»Kämmen muß man«, sagte Luise, »weils einem sonst so geht wie der Daisy!«
»Wie ist es der Daisy gegangen?« fragte ich.
»Das weißt du eh«, sagte Luise.
»Ich habs vergessen, Luise«, sagte ich, »bitte erzähls!«
»Gut«, sagte Luise, »aber merks dir! Also, ich war einmal

auf einem Posten«, erzählte Luise, »da war ein Kind, das hat noch dickere und längere Zöpf gehabt wie du. Sie war auch viel schlimmer wie du und immer gebrüllt und geweint hat sie beim Kämmen und nach mir geschlagen und gesagt hat sie, ich tu sie zu Fleiß reißen, und sie wirds ihrer Mama sagen. Sie war furchtbar verzogen, und ihre Mama hat alles getan, was die Daisy hat wollen. Da hat sich die Daisy also zum Geburtstag gewünscht, daß sie eine Woche nicht braucht frisiert werden. Die Mama hat gelacht, und der Papa hat auch gelacht, und sie haben ja gesagt. Und wie die Wochen vorbei war, und wie ich sie hätt wieder kämmen sollen, da ist es nicht mehr gegangen, und ihre Mama ist auch nicht mehr durchgekommen durch die Haare, und den Doktor haben sie rufen müssen.«

»Wird man denn krank, wenn man die Haare nicht kämmt?« fragte ich ängstlich.

»Krank grad nicht«, sagte Luise, »aber verfilzt. Der Doktor ist also gekommen, hat sichs angeschaut und dann hat er gesagt: »Das ist ein Weichselzopf!«

»Wie schaut denn ein Weichselzopf aus?« fragte ich.

»So wie ein Vogelnest«, sagte Luise. »Bei uns zu Haus hört man auch, daß böse Hexen zu die schlimmen Kinder kommen in der Nacht, wann sie im Schlaf sind, und dann drehen sie ihnen die Haar durcheinander zu einem Vjestica, was ein Weichselzopf ist. Alles ist dann durcheinander gewachsen, verwirbelt und verwuzzelt, und nichts kann man mehr auseinanderbringen. Und wenns in dem Nest schön warm wird, dann wachsen vor lauter Wärme Eier heraus.«

»Kann man denn die Eier essen?« fragte ich.

»Pfui Teufel«, sagte Luise, »das sind doch Nisse und da kriechen die Läuse heraus. Viele hundert kommen aus die Eier heraus, die laufen auf dem ganzen Kopf herum und tun die Haar auf und ab klettern.«

»Was kann man denn tun, daß die Läuse aufhören?« fragte ich.

»Nix«, sagte Luise streng, »garnix wie abschneiden. Der Doktor hat eine Schere aus der Tasche genommen, und die Daisy hat angefangen zu schrein, und ihre Mama hat geweint, und ritschi ratschi hat der Doktor gemacht, und da ist der Weichselzopf am Boden gelegen. Der Daisy ihre Haare haben ein Jahr lang ausgeschaut, wie wenn sie ein Bub tät

sein, sie hat Häuberln aufgesetzt und sich so geschämt über ihre kurzen Haar, daß sie nicht mehr mit Kinder hat gehen wollen außer in der Schule, wo sie hat müssen.«
»Sind die Läuse davongelaufen, wie der Weichselzopf weg war?« fragte ich.
»Woher!« sagte Luise, »die haben sich am Kopf angehalten, und der Doktor hat angeschafft, daß der Daisy ihr Kopf in Petroleum gebunden wird, und hernach haben wir sie mit einer Salbe einschmieren müssen, die hat so gestunken, daß wir haben alle Fenster zumachen müssen, damit niemand im Haus was merkt, daß wir Läus haben. So eine Schande hätten wir nicht überlebt. Die Daisy hat genug gehabt, und im nächsten Jahr hat sie sich was Gescheiteres gewünscht zum Geburtstag, und jeden Tag hat sie darum gebeten, daß man ihr die Haar kämmt.«
»Luise«, fragte ich und kratzte mich am Kopf, »glaubst du, ich hab Läuse?«
»Blödsinn«, sagte sie, »so was gibts nicht in einem anständigen Haus!« und dabei schob sie mir noch ein Stück Guglhupf in den Mund.
»Sind meine Haare schon trocken?« fragte ich.
»Wird schon noch dauern«, sagte Luise.
»Du, Luise«, fragte ich, »wie lang waren die Haare von der Daisy vorm Weichselzopf, länger als meine?«
»Also du kannst auf deine Haar sitzen, und der Daisy sind sie bis zum Knie herunter gehangen.«
Ich rutschte auf dem Teppich herum, bis ich auf meine Haare zu sitzen kam.
»Nicht auf die Haar sitzen«, rief Luise, »sonst können die Spitzeln nicht trocknen.«
Sie zog die Haare unter mir hervor, sie riß mich, und ich schrie: »Weh tuts, immer weh, ich möcht so kurze Haare haben wie die Daisy!«
»Der Mensch soll sich nicht versündigen«, sagte Luise ernst. »Meine Haar gehen nur bis über die Schulter, zwanzig Jahr reib ich mir ›Ich Anna Czillag-Wasser‹ in die Haar und länger wirds nimmermehr. Und hab doch immer gebetet und mir mein Leben lang gewünscht, ich möcht Haar haben wie unsre Kaiserin!«
»Was hat die Kaiserin für Haare gehabt?« fragte ich.
Luise wiegte den Kopf: »Die Kaiserin, die Kaiserin ...«

Luise fing an, meine Haare zu kämmen.
»Die Kaiserin?« fragte ich.
»Ich war einmal auf einem Posten«, erzählte Luise, »da war dem Stubenmädel ihre Mutter die Friseurin von unsrer Kaiserin gewesen. Die Kaiserin ist immer um fünf Uhr früh aufgestanden, gern aufgestanden, *sehr* gern aufgestanden« – an der Stelle der Geschichte nickte sie mir mahnend zu –, »manchmal ist sie schon um vier Uhr aufgestanden, weil sie keine Ruhe in sich gehabt hat. Eine Stunde später schon hat die Friseurin kommen müssen, und da ist die Kaiserin da gestanden, im Schlafrock mit lauter Rüschen und Spitzeln und die Haar offen. Die Haar haben bis zum Boden gewallt, und wenn die Kaiserin zu ihrem Frisiertisch gegangen ist, dann sind ihr noch einen halben Meter auf dem Boden die Haar nachgeschleift, und es hat ihr den Kopf zurück gerissen, so schwer waren die Haar! Da hat sich die Kaiserin oft an die Schläfen gefaßt und hat gesagt: ›Kralik‹, hat sie gesagt – Kralik war die Friseurin, Josefine Kralik hat sie geheißen – da hat also die Kaiserin gesagt: ›Kralik, heut hab ich wieder Kopfweh, geben Sie acht!‹ Da hat die Kralik angefangen zu zittern, und die Kaiserin hat gesagt: ›Zittern Sie nicht, Kralik, sonst zittert der Kamm, und Sie reißen mich!‹ Die Kralik hat also aufgehört zu zittern, aber das Herz hat ihr so geschlagen, daß es die Kaiserin gehört hat, aber die Kaiserin hat nichts gesagt, weil sie hätte nicht sagen können: ›Kralik hören Sie auf so mit dem Herzen zu schlagen.‹«
»Warum hat denn die Kralik so gezittert?« fragte ich.
»Die Kralik hat so gezittert, und ihr Herz hat so geschlagen« – jetzt sprach Luise ganz langsam –, »weil alle Haare auf dem Kopf der Kaiserin gezählt waren und weil sie ihr nicht *ein* Haar davon hat ausreißen dürfen!«
Ich preßte die Hände ganz fest zusammen und fragte: »Wäre die Kralik getötet worden, wenn sie der Kaiserin doch ein Haar ausgerissen hätte?«
»Woher«, sagte Luise, »nicht getötet, aber entlassen wär sie worden, sofort hätt die Kaiserin sie entlassen, und wo kriegt man dann noch einen anständigen Posten her, wenn einen die Kaiserin entlassen hat?«
»Weiter«, sagte ich, »bitte, bitte!«
»Also hör zu!« sagte Luise. »Die Kralik hat der Kaiserin

kein Haar ausgerissen, sieben Jahr hat sie die Kaiserin gekämmt, und kein einziges Haar hat gefehlt, so tüchtig war die Kralik, und wie die Kralik schwach auf die Augen geworden ist und sie nimmer gut hat sehen können und in Pension hat müssen gehen, da hat ihr die Kaiserin zum Abschied ein Kettel geschenkt mit einem schönen, goldenen Dranhänger und da drin war unter Glas zusammengerollt ein einziges langes Haar und das hat sich die Kaiserin abgeschnitten zu Ehren der Kralik und hat es ihr zur Erinnerung geschenkt.«
Da fragte ich voller Entsetzen: »Aber da hat doch der Kaiserin *ein* Haar gefehlt?«
»Hörst du«, sagte Luise, »was ist denn *ein* Haar, wann man so viele hat?«
Luise stand auf, und ich stand auch auf, und meine Haare waren trocken und gekämmt.

XVI Das Kästchen

Ich lag, eingehüllt in eine warme Decke, oben im Gepäcknetz.
Die Gepäcknetze waren breit wie Wiegen für Zwillingskinder, damit die großen Lederkoffer und die weit gerundeten Hutschachteln darin Platz finden konnten.
Onki hatte mir das Reisepolster mit den gestickten Vergißmeinnicht unter den Kopf geschoben und mich ganz und gar in die weiche Reisedecke eingewickelt.
Unser Gepäck war aufgetürmt gegenüber im andern Gepäcknetz. Der Kondukteur hatte ein gutes Trinkgeld bekommen, damit er nicht den Kopf schütteln möge über meinen Schlafplatz im Gepäcknetz. Er hatte die Vorhänge vor die Glasfenster und Türen gezogen, so daß niemand vom Gang hineinschauen konnte ins Coupé und ein Schild vor die Türe gehängt, auf dem stand ›RESERVIERT‹, dann hatte er gesagt: »Jetzt könnt keiner mehr stören, gute Nacht die Herrschaften!«
Dann waren wir allein.
Onki zog einen kleinen Vorhang um die eine Hälfte der

Schale, hinter der das Gaslicht surrte. Nun war nur mehr ein Halbmond von Licht da, die dunkle Hälfte war unsern Gesichtern zugewandt.
Bald streckte sich auch Onki auf den schönen roten Samtsitzen aus, deckte sich mit einem karierten Plaid zu, legte seinen Kopf auf ein graues, seidenes Reisekissen. Er sang ein wenig vor sich hin, ich hustete, damit er merken sollte, ich sei noch wach. Nur kleine Kinder schlafen gleich ein.
So pflegten wir viele nächtliche Reisen zu tun, von Wien nach Triest, von Wien nach Nizza, von Wien nach Interlaken, nach Miramare – Lovrana – Kastelruth – Krakau – Swinemünde – Namen, Namen, die man vor sich hinsingen konnte, Namen, die man ausrief beim Ballauffangen und beim Schnurspringen.
Auf jener Reise, der Reise nach Holland, konnte ich vor mich hinsagen: Amsterdam – Rotterdam – Rotterdam – Amsterdam – und kaum je hatten sich Worte so sehr in die Musik der Räder eingefügt wie: Amsterdam – Rotterdam – Rotterdam – Amsterdam ...

Auf jener Reise waren wir nicht allein.
Onki lag unter meinem Gepäcknetz, und unter dem andern Gepäcknetz, das die vielen Koffer tragen mußte, lag zugedeckt mit einer seidenen Decke ein schöner, junger Mann.
Seine rabenschwarzen Haare konnte man deutlich auf dem gelben Seidenkissen sehen, auf dem sein Kopf ruhte. Er hatte die Augen offen, und seine Augen funkelten wie die Ringe, die er an seinen Fingern trug.
Ich kannte ihn, ich hatte ihn einmal gesehen, das war in unserm Hotel auf dem Semmering gewesen. Er hatte von einer Kugel gesprochen, die wollte er sich in den Kopf schießen.
Nun lag sein weißes Gesicht auf dem Kissen, und so sehr ich auch schaute, auf seiner Stirn war kein einziges Loch zu sehen, in dem eine Kugel gesteckt haben könnte.
Ich hatte die Decke über den Kopf gezogen, nur für die Augen bauschte ich einen Auslug, damit ich alles sehen konnte.
Der junge Mann legte die Arme über seinem Kopf zusammen, und seine Finger spielten mit dem Fenstervorhang.
»Eine schöne Reise ist das«, sagte er und lachte. Sein Gebiß

war so weiß und stark wie das eines Riesen, der gerne Kinder frißt.
»Leise«, sagte Onki, »wecken Sie das Kind nicht auf!«
»Eine schöne Reise«, sagte er wieder und lachte leise.
»Finden Sie, daß diese Reise zum Lachen ist?« sagte Onki.
›Warum ist diese Reise nicht zum Lachen?‹ dachte ich oben in meinem Gepäcknetz.
»Wenn einem das Lachen vergeht, soll man lieber gleich sterben«, sagte der schwarze Mann.
Onki streifte seine Decke zurück und setzte sich auf.
»Das Lachen wird Ihnen drüben vergehen, Laszlo!« sagte Onki streng.
›Was ist drüben?‹ dachte ich.
Laszlo zog die Knie hoch: »Drüben – drüben –«, sagte er, »ihr schickt mich ins Gefängnis ...«
Ich legte mir die Hand vor Schrecken auf den Mund ...
»... für mich aber wird sein: lustige Freiheit!«
»Hören Sie, Laszlo«, sagte Onki, »ins Gefängnis wären Sie hier, in unserm Land gekommen, wenn Ihre armen Eltern nicht alles bezahlt hätten. Und erst die Reise nach Amerika, was die kostet! Ich hätte Sie Zwischendeck fahren lassen mit den Auswanderern!«
»Der Transport von schwarzen Schafen ist teuer«, sagte Laszlo. »Ich bin nicht Sohn von Kaufmann, ich bin Graf, Adliger muß Geld haben, sonst wird er ein Lump.«
Onki räusperte sich, dann sagte er ganz langsam mit böser Stimme: »Sind Sie kein Lump?«
Laszlo sprang auf und hob die Hand ...
Ich mußte den Mund zusammenpressen, um nicht zu schreien.
Laszlo ließ die Hand sinken: »Ich will nicht schlagen, ich werde nicht fordern, weil Sie sind alter Mann und Sie meinen es gut mit meinen Eltern.«
Onki sagte mit ruhiger Stimme, als ob nichts geschehen wäre: »Ich habe Ihren Eltern gesagt, sie sollten Sie nicht erster Klasse fahren lassen, Sie werden dort zu leicht jemanden finden, der mit Ihnen spielt.«
›... warum darf Laszlo nicht spielen ...?‹
Onki stand auf, nahm eine Zeitung, legte sie auf den roten Samtsitz, stieg darauf und lugte über den Rand des Gepäcknetzes.

Ich drückte die Augen ganz fest zu und rührte mich nicht.
»Ich glaube, sie schläft«, sagte Onki und stieg herunter.
»Schlafen«, sagte er, »wir wollen alle schlafen.«
Onki und Laszlo legten sich auf die Plätze zurück, deckten sich zu, und bald hörte ich an ihrem Atem, daß sie eingeschlafen waren.
Ich konnte lange nicht einschlafen, ich mußte nachdenken, ich mußte es vor mich hinsagen, um es nicht zu vergessen:
Drüben – Gefängnis – Schwarze Schafe – Lump – Spielt – –
ich wurde immer müder und müder und endlich hörte ich nur mehr die Räder singen: Amsterdam – Rotterdam – Rotterdam – Amsterdam – –

Am nächsten Tag waren wir in einem großen Hotel in Amsterdam.
Onki und ich hatten ein schönes Zimmer, daneben wohnte Laszlo.
Eine Türe war zwischen unserm Zimmer und Laszlos Zimmer.
Onki nahm mich bei der Hand und zog mich ans Fenster. Er sprach leise mit mir, damit Laszlo in seinem Zimmer nicht hören konnte, was er sagte.
»Hör mir zu«, flüsterte Onki, »du bist ein großes Mädchen, du wirst schon verstehen, was ich sage: du sollst auf den Laszlo aufpassen. Ich muß zu einem Geschäftsfreund gehen, nur zwei Stunden bin ich weg, in zwei Stunden bin ich wieder da zum Essen. Du mußt aufpassen, daß der Laszlo nicht wegläuft. Morgen fährt er nach Amerika. Wir bringen ihn nach Rotterdam aufs Schiff.«
»Ist es ein großes Schiff?« fragte ich.
»Ein großes Schiff«, sagte Onki und nickte. »Hast du mich verstanden?«
»Ja, Onki«, sagte ich.
Als Onki fortgegangen war, kam Laszlo ins Zimmer.
»Ist er fort?« fragte er.
»Ja«, sagte ich, »in zwei Stunden ist mein Onki wieder da zum Essen.«
»Wollen wir nicht spazieren gehen, kleines Fräulein?« sagte Laszlo.
»Ich weiß nicht«, sagte ich ängstlich, »ich muß Onki fragen.«

»Onki ist aber nicht da«, sagte Laszlo, lachte und nahm mich bei der Hand.

Wir gingen durch viele enge Straßen und immer kamen wir zu den Wassern. Die Wasser standen zwischen den Steinmauern, die schmalen Häuser, die ihre Dächer wie spitze Mützen aufhatten, sahen aus, als könnten sie sich über die Wasser beugen, wenn sie nur wollten.
Die Wasser waren wie Flüsse und doch schienen sie nicht zu fließen und waren keine Donau.
Ihre Ufer hatten garkeine Geländer, man konnte von der Straße ins Wasser fallen und so oft wir ihnen entlang gingen, klammerte ich mich mit beiden Händen an Laszlo fest.
»Schöne Stadt«, sagte Laszlo, »wer weiß hätt ich sie nie gesehen – wenn ich nicht fahren müßte nach Amerika.«
»Amerika«, fragte ich, »ist das weit weg von hier?«
»Ja«, sagte Laszlo, »weit weg von hier und ganz weit weg von Budapest. Amerika ist großes, weites Land und dort soll ich arbeiten.«
»Arbeiten?« fragte ich entsetzt, »Sie sind doch ein Graf, und Ihre Eltern haben ein Schloß, hat mir Onki gesagt.«
»Ich habe mein Leben lang nicht gearbeitet!« sagte Laszlo stolz. »Aber gespielt, zuviel gespielt und Pferderennen und ... und ...«, er sprach nicht weiter.
Wir standen vor einem Geschäft, in der Auslage funkelten Steine, glänzte Gold und Silber.
»Sehen Sie die Rubinbrosche!« rief Laszlo aus, »und dort das Smaragdhalsband und hier der Brillantring und hier die Saphirohrringe«, er fuhr mit dem Zeigefinger über die Glasscheibe und deutete auf die Schmuckstücke, die auf Samttüchern in der Auslage prangten, »und dort – dort – das Diamantendiadem!« Dann sagte er leise: »Reich werde ich zurückkommen von drüben, und wenn ich zurückkomme, dann gehe ich hierher zu Juwelier und kaufe alles, alles, was Ihnen Freude macht, kleines Fräulein und was Sie sich wünschen, werde ich Ihnen schenken.«
Ich legte meine beiden Hände auf die große Scheibe, hinter der die Geschenke glitzerten und funkelten. »Ja«, sagte ich, »dann bin ich groß und dann darf ich das alles haben!«
Wir gingen weiter, immer weiter.
Da kamen wir zu einem Platz, auf dem standen Tische wie

auf dem Naschmarkt, und auf den Tischen lagen Fische. Sie bewegten sich, sie schlugen mit den Schwänzen, sie klappten die Mäuler auf und zu, ihre Augen waren schrecklich anzusehen. Sie schrien in großer Not, aber niemand schien ihr Schreien zu hören.

Ein dicker Mann griff in die vielen schreienden Fische, nahm einen, hob ihn hoch und schnitt mit einem Messer in den Fisch. Das Blut floß ihm über die Hände.

»Nicht schön«, sagte Laszlo, »nicht schön, oh und der Geruch –«, er rief etwas laut in seiner Sprache. »Nicht mehr hinschauen – nicht mehr hinschauen, kleines Fräulein, Sie haben weißes Gesicht – –«

Er nahm sein fein gefaltetes Taschentuch aus der Brusttasche und breitete es mir übers Gesicht. Es war ein kühles weißes Tuch und es roch nach Lavendel.

Ich hielt das Tuch vors Gesicht, ich sah die Fische nicht mehr, ich roch ihren Geruch nicht mehr.

»Soll ich Sie ein Stückchen tragen?« fragte Laszlo. Laszlo hob mich mit seinen beiden Händen auf und trug mich eine kurze Weile vor sich her, ich spürte seine Ringe in den Achseln.

Als er mich wieder auf den Boden setzte, sagte er: »Weit fort sind wir von den Fischen, weit weit fort!«

Er zog mir das Taschentuch vom Gesicht.

Nun standen wir in einer engen, dunklen Gasse. Es roch süß und dumpf wie in manchen Gassen bei uns zu Hause.

In der Gasse waren kleine Geschäfte, eins neben dem andern, und in den Geschäften standen Männer in lange schwarze Kleider gekleidet, sie trugen hohe Hüte und Locken wuchsen ihnen über die Wangen.

Zu Hause, in unsern Gassen hausten sie in alten Häusern in Gewölben. Da gab es Stoffballen und Seidenzeug, da gab es alte Mäntel und Kleider, die vom Plafond baumelten, und unter ihnen standen ungeputzte alte Schuhe. Da gab es Gewölbe voll Gold und Silber und Edelsteinen, und in den Gewölben waren die schwarzgekleideten Männer, sie sprachen in unsrer Sprache, aber es war ein andrer Singsang als der von Luise, als der von Laszlo.

Laszlo führte mich in einen Laden, in dem sich die herrlichsten Dinge befanden.

Da waren silberne, kleine Schlitten von winzigen Pferden

gezogen, Zwerge, die Schubkarren führten, Mädchen in Schleiern, die Lampen hielten, große Köpfe aus denen Gras wuchs, goldene Frauen mit läutenden Glocken unter den Röcken, Katzen, die sich in Spiegel schauten, sitzende dicke Männer mit unbedeckten Bäuchen und wackelnden Köpfen.

Ich wanderte zwischen den Dingen umher, bis ich zu einem runden Marmortischchen kam, und dort stand, umgeben von bunten Wachsblumen und winzigen Holzpantoffeln: das Schönste.

Es war ein kleines Kästchen, seine Wände waren aus feinstem goldenen Garn zu Spitzen gewirkt. Das Kästchen hatte die Form eines Herzens, und auf dem Deckel, der es zuschloß, war ein Bild auf Porzellan gemalt. Die Dame auf dem Bild hatte braune Haare, braune Augen, rosa Wangen, sie trug ein Diadem auf dem Kopf und einen Stehkragen aus lauter Perlenschnüren um den Hals.

Ich wagte nicht, das Kästchen anzurühren und wünschte und wünschte, das Kästchen möge sich von selbst öffnen und mir zeigen, was es verbarg. Ich wollte mich nicht von der Stelle rühren und hielt meine Hände fest, damit sie sich nicht dem Kästchen nähern konnten, und meine Augen starrten auf das Kästchen, um den Augenblick nicht zu versäumen, in dem der Deckel aufspringen könnte.

Plötzlich sah ich die weißen Finger Laszlos, die sich dem Kästchen näherten.

»Bitte nicht aufmachen!« rief ich.

»Nein«, sagte Laszlo, »werd ich nicht tun, wenn kleines Fräulein nicht will. Gefällt Ihnen das Kästchen?«

»Es ist das Allerschönste«, sagte ich.

Laszlo deutete auf den Deckel. »Wissen Sie«, fragte er, »wer die Dame ist?«

Ich nickte mit dem Kopf. »Ja«, sagte ich, »das weiß ich: das ist die Frau von unserm Thronfolger.«

»Ein gescheites Fräulein«, sagte Laszlo, und ich wurde rot vor Stolz. »Kennt sich aus in ihrem Kaiserhaus.« Er beugte sich über das Bild: »Hercegnö ist nicht schön wie unsre Erzsébet Kiralynö war – eure Kaiserin Elisabeth – o nein, nicht so schön ist die Herzogin...« Er strich mit den Fingern über das Bild. »Weggehen nach Amerika – nach Amerika hätte sie gehen sollen mit ihm, da müßte sie nicht leiden, nicht sich schikanieren und sekkieren lassen.«

»Wer sekkiert sie denn?« fragte ich.
»Viele«, sagte Laszlo, »wenn Erzherzog Gräfin heiratet, ist ein Malheur, nützt nichts, wenn unser alter König und Kaiser eine Herzogin aus ihr macht – nützt alles nicht!« Laszlo zog die Finger heftig weg von dem Bild: »Aber was geht mich an«, sagte er laut, »sie ist Böhmin und haßt Ungarn, und Thronfolger ist nicht besser!«
Laszlos Augen funkelten böse, und ich nahm das Kästchen rasch vom Tisch und versteckte es in meiner Hand. Der Besitzer des Ladens kam langsam herbei und deutete auf das Kästchen in meiner Hand.
»Gold«, sagte der Mann und wiegte den Kopf, »Filigranarbeit feinste, Wände ziseliert, rote Seide innen und alles, können Sie mir glauben, alles Gold. Hat mir Kammerdiener von einem böhmischen Grafen verkauft, ist gewesen im höchsten Familienbesitz... schon hundert Jahr...«
Laszlo unterbrach ihn: »Die Herzogin ist nicht hundert Jahre alt...« Ich hielt das Kästchen fest in der Hand, mein Herz klopfte, und ich wünschte mir, das Kästchen zu behalten, zu haben für immer.
Da fragte Laszlo: »Wieviel?«
»Achtzehn Gulden«, sagte der Mann.
»Fünf Gulden«, sagte Laszlo.
»Wollen der Herr mich ruinieren?« sagte der Mann und schüttelte den Kopf so stark, daß seine schwarzen Locken in seinem Gesicht hin und her wehten.
Laszlo klopfte mit den Fingern auf den Marmortisch, und ein großer Singsang hub an:
»Fünfzehn« – »Fünf« – »Dreizehn« – »Sechs« – »Elf« – »Sieben« – »Zehn« – »Acht« –
bei Acht hörte er auf, der Singsang. Laszlo warf acht Gulden hin, sie klirrten auf dem Marmor, rollten zwischen die Holzschuhe, verbargen sich unter den Wachsblumen.
»Gut für den Herrn«, sagte der Mann, »gut für den Herrn, nicht so gut für mich.« Er griff nach meiner Hand, nahm mir das Kästchen weg und wickelte es in Zeitungspapier. Ich schrie auf: »Nein – nein, er solls mir nicht wegnehmen!« »Brauchen keine Angst haben«, sagte Laszlo, »ist mein Abschiedsgeschenk für kleines Fräulein, damit es den Laszlo nicht vergißt.«
Ich sagte mehrmals »Danke schön – danke schön«, weil ich

dem Laszlo nicht um den Hals fallen konnte, dann nahm ich das Kästchen dem schwarzen Mann aus der Hand, wickelte es aus dem Zeitungspapier und lief in eine dunkle Ecke. Ich hob den Deckel: das Herz war mit roter Seide gefüttert, und auf der Seide lagen eine ganz kleine Schere und zwei allerkleinste Zwirnspulen, schwarz und weiß. Der goldene Fingerhut, mit bunten funkelnden Steinchen verziert, paßte auf meinen kleinen Finger. Plötzlich rief ich voller Angst: »Laszlo, wir müssen fort, Onki wartet auf uns, wir müssen fort.«

Ich umschloß das Kästchen mit einer Hand und mit der andern faßte ich nach Laszlos Hand und lief mit ihm aus dem Geschäft auf die Straße hinaus.

»Hoffentlich finden wir zurück zum Hotel«, sagte Laszlo.

»Wir *müssen* zurück«, sagte ich, »Onki wird schon warten, er wird glauben, Sie sind mir davon gelaufen.«

»Ah!« sagte Laszlo, »so ist das! Der Herr Doktor hat Sie bestellt, damit Sie aufpassen auf den Laszlo!«

»Bitte, bitte finden Sie das Hotel«, rief ich, und meine Angst wurde immer größer.

»Wird Ihr Onki böse sein, wenn wir zu spät kommen?« sagte Laszlo, seine Stirn war in viele Falten gelegt, und er ging ganz langsam.

»Mein Onki ist nie böse mit mir«, sagte ich und zerrte an Laszlos Hand, damit er rascher ginge.

»Das ist gut«, sagte Laszlo, »da werden Sie es gut haben, wenn Sie mit ihm verheiratet sind. Sie wissen: heiraten will er Sie.«

»Ja«, sagte ich, »wenn ich groß bin, heirate ich meinen Onki!«

»Er ist alter Mann, vierzig Jahre älter als Sie, kleines Fräulein«, sagte Laszlo. »Aber macht nichts aus, Sie werden sehr reich sein, sehr reich!«

Ich verstand nicht alles, was er sagte, aber ich sah seinen Augen an, daß er etwas Böses meinte.

Ich wurde rot, meine Augen taten mir weh vor Zorn.

»Sie haben meinen Onki nicht gern!« sagte ich.

»Immer will er mein Bestes, der Herr Doktor«, sagte Laszlo.

Ich stampfte mit dem Fuß: »Und ich hab Sie nicht gern, nicht gern, garnicht gern, wenn Sie meinen Onki nicht leiden können.«

Er antwortete nicht, er packte mich bei der Hand, wir liefen durch viele Gassen, vorbei an vielen Wassern, das goldene Kästchen hatte ich fest an mich gepreßt.
Im Speisesaal des Hotels saß Onki.
Er hatte seine Uhr vor sich auf den Tisch gelegt.
Wir liefen zu dem Tisch, Onki antwortete nicht auf unsern Gruß, er sagte nur: »Eine halbe Stunde zu spät!«
Ich fiel ihm um den Hals und küßte ihn: »Bitte, bitte, sei nicht böse!«
»Ich bin nicht böse«, sagte Onki und küßte mich.
Er hatte Essen bestellt, bevor wir gekommen waren.
Kaum saßen Laszlo und ich auf unsern Stühlen, kam der Kellner mit den Fischen.
Auf einer großen Platte lagen viele kleine Fische. Sie hatten weiße Augen und bewegten sich nicht.
Der Kellner legte mir einen kleinen Fisch auf den Teller, zwei Fische gab es für Onki, zwei Fische für Laszlo.
Der kleine Fisch lag vor mir auf dem Teller, seine weißen Augen sahen mich an, ich hatte das Fischbesteck in den Händen, aber ich konnte ihn nicht berühren. Plötzlich war er in meinem Mund, als sei er mir in den Mund gesprungen. Ich spürte, wie der Fisch sich bewegte, ich hielt ihn behutsam mit der Zunge fest, sprang auf, lief durch den Saal in die Hotelhalle und dann auf die Straße hinaus, über die Straße bis zum Wasser. Am Ufer blieb ich stehen und fürchtete mich nicht mehr davor, daß kein Geländer war zwischen dem Wasser und mir.
Ich öffnete den Mund ganz weit, und der Fisch sprang aus mir heraus. Ich sah ihn vor mir liegen ganz nahe am Wasser. Ich stieß ihn mit dem Fuß ins Wasser, da wurde er wieder lebendig und schwamm davon.
Onki stand neben mir und faßte mich bei der Hand.
»Ist alles in Ordnung?« fragte er.
»Ja«, sagte ich, »er ist nicht tot, dort schwimmt er.«
Als wir in den Speisesaal zurückkamen, waren alle Fische fort.
Auf den Tellern von Onki und Laszlo türmten sich große Fleischstücke umkränzt von Gemüsen.
Auf meinem Teller aber war weißer Reis ausgebreitet, und durch ihn zogen hellbraune Bächlein von duftender Zimtsauce, und der Kellner sagte dies sei Kaneelsaus.

Das Schiff war groß und hoch.
Laszlo stand auf dem Schiff hinter einem Geländer, und wir standen am Ufer.
Die Musik spielte, und viele Leute weinten.
Das Schiff brüllte so laut und stark, daß wir uns die Ohren zuhalten mußten, dann wurde es von den Ketten gelöst und durfte frei vom Ufer wegschwimmen.
Laszlo beugte sich über das Geländer und winkte so sehr mit seinem Taschentuch, daß es der Wind davontrug ans Ufer.
Ich lief dem Tuche nach, ich hob es auf, ich winkte, winkte, winkte.
Später im Hotel hüllte ich das goldene Kästchen in das Tuch ein, und seitdem roch das Kästchen nach Lavendel.

Wir fuhren aus den großen Städten aufs Land.
Dort standen kleine Häuser und Windmühlen. Viele Wasser liefen durch die Wiesen, und ein ganz großes Wasser war da: das Meer.
Es war nicht wie das Meer bei Lovrana, es war nicht blau, es war viel größer, und viele Tage lang stiegen hohe Wellen aus dem Meer.
In den Häusern wohnten Kinder, sie hatten gebogene Spitzenhauben und Mützen auf dem Kopf, und selbst die kleinen Kinder durften lange Kleider tragen, die Mädchen lange Röcke, die Buben weite lange Hosen.
Ich konnte nicht verstehen, was sie sagten und was sie riefen, aber es klang ähnlich wie im Märchen, das mir Mama manches Mal erzählte: Mantje, Mantje, Timpe Te,
        Buttje, Buttje in der See
        mine Fru de Ilsebill
        will nich so as ik wol will.
Viele Mädchen trugen rote Perlen um den Hals, und Onki kaufte mir solch ein Halsband. Es hatte vier Reihen roter Perlen, die schlossen sich um meinen Hals, und als Onki das goldene Schloß der Schließe zuschnappen ließ, meinte ich, ich hätte den Perlenstehkragen der Herzogin umgelegt.
Die Perlen waren rund und kühl, und Onki sagte, dies seien keine Perlen, dies seien Korallen und sie kämen auch aus dem Meere. Onki erzählte von dem Meer, das sich immer wieder aufs Land stürzte und es auffressen wollte.

»Da müssen sich die Kinder immer fürchten«, sagte ich.
»Nein«, sagte er, »die Eltern bauen Dämme gegen das Meer. Das sind fleißige, saubere Leute und selbst in den Städten putzen und waschen sie ihre Straßen wie Küchenböden.«
»Müssen die Kinder sich immer waschen?« fragte ich.
»Du siehst ja, wie sauber sie sind«, sagte Onki.
Die Großen und die Kinder trugen Holzpantoffeln, die klapperten laut und lustig, wenn sie darin liefen.
Onki kaufte mir Holzpantoffeln, zuerst fiel ich hin mit ihnen, dann verlor ich sie von den Füßen, aber nach zwei Tagen schon konnte ich in ihnen laufen. Sie klapperten auf den Steinen so laut, als ob viele Pantoffeln neben ihnen herlaufen würden, aber im Dünensand waren sie nicht zu hören und wurden ganz still.
Wir bauten Burgen aus Sand, wir gruben uns in den Sand ein, Onki schaufelte Sand auf mich, bis ich keinen Arm und keinen Fuß mehr regen konnte und nur mein Gesicht frei war von dem Sand. Dann schaute ich in den Himmel, der war lang und breit und weit wie das Meer und es war ein ganz andrer Himmel als der zu Hause. Onki mußte Sand abschaufeln, bevor ich mich wieder rühren konnte. Dann grub ich meinen Onki ein und mußte sehr acht haben, daß ihm kein Sand in Mund und Augen kam.
Einmal, als ich einen ganz hohen Hügel über ihn geschaufelt hatte und selbst er seine Arme nicht mehr bewegen konnte, sagte er: »Das ist wie im Grab.«
»Im Grab muß man tot sein«, sagte ich.
»Ja«, sagte Onki, »einmal werde ich tot sein.«
Ich schrie auf, packte die kleine Schaufel und grub ihn so hastig aus, daß ihn die Schärfe der Schaufel an die Stirne traf.
Blut sickerte von der Stirne. Er setzte sich auf, ich riß mein Taschentuch aus der Tasche und preßte es auf seine Stirne.
Als Flecken, rot wie meine Korallen, das Taschentuch färbten, fing ich bitterlich zu weinen an.
»Du darfst nicht tot sein«, schluchzte ich, »nie-nie-nie tot sein.«
Onki zog ein sauberes Taschentuch aus seiner Tasche, trocknete mir die Tränen ab, dann betupfte er seine Stirne.
»Es ist nicht schlimm«, sagte er, »es tut nicht weh.«

Die drei Wochen waren zu Ende.
Wir fuhren mit der Bahn und von der Bahn mit einem Pferdewagen eine lange Dünenstraße entlang, an vielen Hotels vorbei.
Vor einem großen Hotel hielt der Wagen an.
Ein Diener kam und nahm mein Gepäck aus dem Wagen.
Onki und ich blieben im Wagen sitzen.
Ein junges Fräulein in einem hellblauen Kleid kam vom Hotel her auf den Wagen zu. Sie hielt den Diener an, der mein Gepäck trug und suchte nach den Schildern, die an den Koffern hingen.
Sie fand meinen Namen und nickte.
Sie stand nun ganz dicht bei dem Wagen, grüßte und sagte: »Ich bin das neue Fräulein«, dann streckte sie mir die Hand entgegen, um mir aus dem Wagen zu helfen.
Onki zog den Hut, grüßte das Fräulein, dann befahl er dem Kutscher umzudrehen und zurück zu fahren zum Bahnhof.
Ich stand auf der Straße, Onki winkte und winkte, bis ich nichts mehr sehen konnte von dem Wagen.
Ich hatte Tränen in den Augen, und im Mund tats mir weh.
Das Fräulein faßte mich bei der Hand und deutete auf einen der vielen Balkons, die wie Vogelnester an der Hotelmauer hingen.
Eine Gestalt stand auf dem Balkon und winkte mit der Hand.
»Dort ist deine Mama«, sagte das neue Fräulein, »sie erwartet dich.«

XVII Die Hochzeit

Vier Jahre lang hatte die Burgi auf Johann, den Briefträger, warten müssen, zuerst heimlich und dann verlobt.
Im Mai war die Hollandreise gewesen, und im selben Jahr im Dezember um die Nikolozeit hatten sie sich verlobt, und seitdem sang die Burgi wieder, schon am frühen Morgen, aber nur, wenn die Mama verreist war. Manchmal

pfiff sie auch und sie konnte pfeifen wie ein Vogel, bis Luise rief: »Ein anständiges Mädel pfeift nicht«, dann hörte die Burgi auf zu pfeifen und sang wieder. Manchmal tanzte sie auch mit sich selbst, und kam dann Luise vom Einkaufen heim, war nur die halbe Arbeit getan. Luise schimpfte, und Burgi sagte: »Ich bin eine Braut!«
Nachts nähte die Burgi an ihrer Ausstattung, und wenn Luise aufwachte und den Lichtschimmer durch den Türspalt von Burgis Zimmer sah, rief sie: »Das Licht tät viel kosten!«, sie befahl ihr aber nicht, das Licht auszulöschen.
Jeden dritten Sonntag durfte die Burgi mit dem Johann ausgehen, sie sah ihn aber täglich, wenn er die Post brachte.
Er läutete zweimal, und Burgi lief an die Türe. Sie zog ihn ins Vorzimmer hinein und legte die Arme so fest um seinen Hals, drückte ihn so stark, daß die Luise, wenn sie das sah, sagte: »Die Posttasche könntest du ihm zerdrücken mit alle Briefe und Packeln drin, und da möchte er einen Verweis bekommen von der Post.«
Johann hatte oft den Schnupfen und den Husten, und die Burgi sagte: »Niesen kann er und so stark husten, daß die Kästen im Vorzimmer wackeln!«
Ich fragte die Burgi, ob sie den Schnupfen und den Husten nicht auch bekommen könnte beim Küssen, weil die Erwachsenen einen nie küssen dürfen, wenn sie den Schnupfen und den Husten haben.
»Das ist ganz anders«, sagte die Burgi. »Beim Küssen wird mir ganz heiß und dem Johann wirds auch warm, da kann man sich garnicht erkälten.«
Manchmal weinte die Burgi und sagte: »Sieben Jahre wird es noch sein, bis wir heiraten können, bis er eine höhere Stellung hat, bis ich genug auf meinem Sparkassenbüchel hab.«
Aber dann waren es nur zwei Jahre anstatt sieben Jahre, und an einem Tag im Mai war die Hochzeit.
Luise stand in ihrem Zimmer, das war hell und geräumig. Luise sagte oft zur Burgi: »Die Gnädige Frau ist sehr streng, aber hat gute Herz für Dienstboten, also nie beklagen, einen bessern Posten findst du nicht. Wenn mein Jungfernstübel in Namiest, wo ich einzieh auf mein alte Tag, so aussehen möchte als wie mein hiesiges Zimmer, täte ich zufrieden sein.«

Die Burgi war aus ihrer Kammer in Luisens Zimmer gekommen, und Luise half ihr beim Anziehen.
Mama hatte Burgi den Stoff zu einem schönen, weißen Brautkleid geschenkt.
»In die Kisten kannst du das legen«, sagte Luise, »und aufheben für deine Tochter, der Stoff ist teuer, und schön aufpassen, daß er blütenweiß bleibt und nicht gelblich möcht werden!«
Burgi stand in der Mitte des Zimmers, ihre Wangen waren heiß, und sie atmete schwer, als Luise ihr das Mieder festzog.
»Sieben Jahre«, seufzte Burgi, »sieben Jahre hätten wir warten müssen...«
»Garnix wär das gewesen«, sagte Luise, »überhaupts garnix. In Namiest haben sie oft zehn und fünfzehn Jahr gewartet, bis Erspartes genug war zum anständig Heiraten. Wo kein Geld da ist, trinkt Mann und weinen Kinder. Eine Tante von mir hat warten müssen bis sie einundsechzig war und Bräutigam war sechsundsechzig, und gewartet haben sie, bis alle Eltern tot waren, weil wenn Eltern böse sind auf Heirat, dann bringt kein Glück für die jungen Leute!«
Burgi stand im Mieder und Unterrock da, jetzt zog ihr die Luise das Brautkleid über den Kopf.
»Und daß du nicht glaubst, nie nicht glaubst, die Mutter vom Johann hätte euch heiraten lassen, wenn der Herr Doktor nicht sein täte. Also wie kommt die Frau Krumpel dazu ihren Johann, was könnt einmal ein Postinspektor werden, armes Mädel heiraten lassen vom Land? Wann aber Sparkassenbüchel plötzlich voll ist, steht die Frau Krumpel da und kann garnix mehr sagen, und nie vergessen darfst du –«, das Kleid war jetzt übergezogen, Luise drückte die Drucker zu und schloß die Haftln – »nie auf deinen Wohltäter vergessen, immer an ihn denken und deinen ersten Buben Josef heißen nach ihm, vielleicht tut er Pate stehen, der Herr Doktor.«
Ich saß auf Luisens Bett neben dem Brautschleier der Burgi, schüttelte heftig den Kopf und sagte: »Nein, das will ich nicht. Er ist *mein* Pate und er will keine andern Patenkinder haben.«
Luise kniete auf dem Boden und zupfte an dem langen, weißen Brautkleid.

»Macht nix«, sagte Luise, »Josef muß er heißen und wann er anfangt sprechen, könnt ihr ihn Pepi rufen.«

Die Haare der Burgi waren durch das Überstreifen des Kleides wirr geworden.

»Ich hole dir meinen Frisiermantel«, sagte ich, »da kannst du die Haare aufmachen.«

»Bademantel ist besser«, sagte Luise, »bei die langen Haar.«

Luise kämmte Burgis Haar, das über den weißen Bademantel bis zum Boden reichte, sie flocht ihr zwei lange Zöpfe, die wollte Burgi zum Nest drehen, aber das Brautkleid war zu eng.

Da legte Luise einen Badeteppich vor ihr Bett, Burgi kniete sich auf den Teppich nieder, Luise stand vor ihr und baute eine schöne Krone aus Burgis Zöpfen.

Dann nahm Luise den Brautschleier von ihrem Bett und sagte zu mir: »Du nimmst Schleier und Brautkranzl und setzt es ihr auf, bringt Glück, wenn Kind das tut und nicht Alte.«

Ich stand auf, Luise gab mir den Brautschleier in beide Hände: »Schön Finger spreitzen und aufpassen«, sagte Luise.

Ich hielt den Schleier mit dem weißen Kranz in den Händen, Luise hob den Schleier über Burgis Kopf, und ich legte den weißen Kranz mit dem weißen Schleier ganz vorsichtig auf die Zopfkrone.

Luise steckte viele dünne Nadeln durch den Kranz in die Zöpfe, schüttelte und rüttelte den Schleier, zog ihn über Burgis Rücken und sagte: »Fest sitzt er, nix könnt ihn herunterreißen.« Dann zupfte sie an den weißen Myrten und sagte leise: »Verdient hast du's nicht.«

Burgi liefen die Tränen über die Wangen, sie griff nach Luisens Hand und küßte sie.

Luise nahm Burgi bei der einen Hand, und ich faßte Burgis andre Hand, und Luise befahl: »So schön festhalten, schön langsam aufstehen, damit Kleid und Schleier nichts passieren möcht.«

Langsam zog sich Burgi an unsern Händen hoch und stand nun so gerade da wie eine weiße Kerze und war einen Kopf größer als die Luise und zwei Köpfe größer als ich.

Die Luise sagte: »Da stehst du, du Notburga Pacher, und in ein paar Stunden schon wirst du die Notburga Krumpel sein und in ein neues Leben eingehen. Der Herrgott möge dich schützen und dir viele Kinder bescheren!«

Burgi hatte noch immer Tränen in den Augen und lief ins Badezimmer vor den großen Spiegel. Luise und ich standen in der Türe und sahen ihr zu. Burgi drehte sich hin und her und lachte in den Spiegel.

»Nicht eitel sein«, sagte Luise, »bedanken bei der Gnädigen Frau, was das schöne Kleid geschenkt hat und gleich schreiben, daß dir leid tät, weil Gnädige Frau nicht da sein kann bei deine Hochzeit und nicht vergessen, beste Gesundheit wünschen!«

Das Fräulein holte mich ab.
Luise war mit der Burgi vorausgefahren zur Kirche.
Das Fräulein und ich standen vor dem Haustor, als Onki vorfuhr.
Onki saß in einem Fiaker, das Verdeck war mit Maiglöckchen geschmückt, die Pferde trugen Maiglöckchen an ihrem Geschirr, Maiglöckchen waren auf den Laternen und im Knopfloch des Kutschers.
Das Fräulein stieg in den Fiaker ein, ich durfte mich gleich auf den Bock setzen. Der Fiakerkutscher hob mich hinauf und sagte, er sei der Schan. Ich mußte mich heimlich an seinem Samtrock festhalten, weil er die Pferde so rasch durch die engen Gassen hinauf zur Kirche traben ließ.
Neben der Kirche hielten wir an, der Schan stieg vom Bock, ging zu seinen Pferden, die spitzten die Ohren, und er sagte ihnen etwas ins Ohr, zuerst dem einen Pferd und dann dem andern.
Onki deutete auf einen andern Fiaker, der auf dem Platz stand: »Das ist unser zweiter Wagen, der für die Gäste.« Onki stieg aus und ging zu dem Kutscher. Der zweite Wagen war mit Flieder geschmückt, es waren weniger Blumen als an unserm Wagen. Onki setzte sich in den Wagen, der Kutscher stieg auf den Bock und fuhr mit dem zweiten Wagen so weit, daß er hinter unserm Wagen zu stehen kam. Dann sprang er vom Bock und half Onki aus dem Wagen. Nun blieb Onki bei den beiden Kutschern stehen und unterhielt sich mit ihnen.
Das Fräulein wartete im Wagen, und ich wartete auf dem Bock, und wir sprachen eine lange Weile garnichts, dann drehte ich mich um und fragte sie: »Warum darf ich nicht in die Kirche, warum darf ich nicht bei der Hochzeit dabei sein?«

»Ach«, sagte das Fräulein, »wir sollen nicht in fremde Kirchen gehen, wir beten anders, wir singen anders, wir haben nicht ihre Gebräuche.«
Ich verstand, was sie sagte, sie meinte, daß etwas anders war bei der Burgi, der Luise und dem Kaiser.
Wir schwiegen wieder, und ich sah das Fräulein an.
Sie trug ein rosa Kostüm mit einer weißen Spitzenbluse, ein kleiner weißer Hut saß auf ihrem hohen, blonden Haarschopf, und ein Kranz von Veilchen schloß sich so fest um den Hut, daß sich die Blumen nicht bewegen konnten und selbst im Winde nicht zitterten.
Das Fräulein bewegte sich auch sehr wenig, sie wurde niemals heftig, und Luise sagte von ihr: »Das ist kein Fräulein, das ist eine Dame, was so gescheit ist, daß man möchte meinen, wie eine zweite Gnädige.«
Die Luise brachte mich täglich zur Schule, weil das Fräulein erst mittags kam, um mich abzuholen von der Schule, und am Abend ging sie nach Hause. Sie wohnte bei einer Tante, die war Witwe und Baronin und auch nicht von hier. Das Fräulein kam von draußen und sprach deutsch wie die Mama. Die Burgi sagte: »So eine Hübsche haben wir noch nie gehabt«, und dann hatte mir die Burgi ins Ohr geflüstert: »Dienen müßt die nie, wenn sie nicht eine unglückliche Lieb hätt.«
»Was ist denn eine unglückliche Liebe?« hatte ich erschrocken gefragt.
Burgi hatte geantwortet: »Eine unglückliche Liebe ist, wenn einem der Mann, den man gern hat, nicht gern hat oder wenn zwei Liebende sich nicht heiraten dürfen, weil das Mädel arm ist und kein Geld hat«, und dann hatte die Burgi so zu schluchzen angefangen, daß die Luise gekommen war und gesagt hat: »Das kommt von der bösen Ungeduld, wenn die jungen Leut heutzutag brav warten könnten, müßtens nicht so viel plaatzen und plärren!«
Das Fräulein weinte nie, und die Mama war zufrieden mit dem Fräulein. Zwei Jahre schon war das Fräulein bei uns, zwei Jahre schon ging ich in die neue Schule.
»Eine schöne Schule ist das«, sagte Luise immer wieder, »da gehts euch zu gut, daß du immer schlimmer werden tätest.«
»Das ist die schönste Schule, die es gibt«, sagte ich immer wieder, »und lernen müssen wir so viel, daß ich es garnicht lernen könnte, wenn das Fräulein nicht wäre.«

»Die weiß die Aufgaben«, sagte Luise bewundernd, »aber die Schule – wenn da so die Kinder hineinrennen und lachen und singen, und unten steht der Hausmeister und schimpft überhaupts nicht, und oben steht die Frau Direktor, hat weißes Sommerkleidl an und lacht auf die Kinder und trägt überhaupts kein Mieder, was man schon von außen sehen kann und läßt sich busseln von die Kinder, wohin soll das führen? Nein, sowas gehört sich nicht für eine anständige Schule!«

Schan war auf den Bock gestiegen, er schnalzte, die Pferde zogen an. Die Wagen fuhren vor das Kirchentor.
Nun kamen sie aus der großen Kirche heraus und stiegen in die beiden Fiaker ein.
In unserm Maiglöckchenwagen war das Brautpaar, der Onki, das Fräulein und ich auf dem Bock.
Im Fliederwagen saßen die Mutter des Johann, der Onkel der Burgi, die Luise und der Freund von der Post.
Die Sonne schien, der Himmel war blau, die Pferde trabten in den Prater.
Ich saß fest auf dem Bock, ohne mich an Schan festzuhalten. Ich konnte mich sogar umdrehen, und wenn ich mich umdrehte, dann sah ich die Burgi und den Johann, beide hatten rote Wangen, beide trugen weiße Handschuhe, beide schauten immerfort auf ihre Handschuhe.
Wir hielten vor einem großen Gasthaus, das nicht inmitten des Wurschtelpraters gelegen war, aber noch nahe genug, um den schönen, hellen Lärm des Praters von ferne zu hören.
Onki hatte einen Tisch bestellt auf einer gedeckten Veranda, die einen großen Garten umschloß, in dem waren hohe Bäume, und unter den Bäumen standen viele Tische. Unser Tisch war mit weißen Blumen verziert, Blumenkränze lagen um die Teller des Brautpaars.
Onki setzte sich an das eine Ende des Tisches und das Fräulein an das andere Ende.
Onki setzte die Burgi neben sich und mich neben sich, die Burgi saß rechts, und ich saß links vom Onki. Neben der Burgi saß der Johann, und bei ihm war seine Mutter. Der Freund von der Post saß zwischen der Mutter und dem Fräulein. Die Luise war neben mir, und der Onkel von der Burgi saß zwischen der Luise und dem Fräulein.

»Schöne Tischordnung hat der Herr Doktor gemacht«, sagte Luise ganz leise zu mir, »sehr schön, kann nichts geschehn.«
Onki hatte es aber doch gehört, obwohl Luise so leise zu mir gesprochen hatte. Er lächelte, zwinkerte Luise zu und sagte: »Das werden wir sehen!«
Luise nickte. Sie hatte einen großen, braunen Hut auf mit Samtrüschen, ein ganzer schillernder Vogel saß auf dem Hut, der wippte und bewegte sich, wenn Luise nickte oder den Kopf schüttelte.
Die Mutter des Johann saß der Luise gegenüber. Sie hatte ein schwarzes Seidenkleid an und einen schwarzen Hut auf, nur an ihrem Stehkragen war eine Brosche aus weißem Porzellan, darauf war ein Mann gemalt mit einem großen Schnurrbart.
»Könnte auch was Helleres anziehen für heute«, flüsterte mir Luise zu, aber die Frau Krumpel mußte es gehört haben.
Sie sagte: »Mein Mann ist erst vor acht Jahren verstorben!«, und dann sagte sie nichts mehr, bis der Fisch kam.
Zuerst gab es Fridattensuppe, und dann wurden Forellen serviert, und da sagte Frau Krumpel: »Die iß ich nicht!«
Onki sagte: »Vielleicht etwas anderes?«
»Nein, danke«, sagte Frau Krumpel.
Die Forellen waren ein schweres Essen, der Johann, der Onkel der Burgi, der Freund von der Post sahen auf ihre Teller, bis die Luise die drei Teller zu sich nahm, die Haut und die Gräten entfernte und das weiße Fleisch wie dünne, schmale Naturschnitzel da lag.
»Aufpassen auf die Gräten, möchten noch welche da sein«, sagte Luise, als sie den drei Männern die Teller zurückschob.
Die drei Männer lachten laut und beugten sich über ihre Teller.
»So«, sagte Luise und legte mir sechs winzige Stückchen neben meine Forelle, »so, da hab ich feinste Stückeln für unser Kind, alle sechs Wangeln!«
Als das Backhendel kam, nahm Onki ein Bein und einen Flügel auf seinen Teller. Das Messer legte er neben seinen Teller, die Gabel benützte er für den Krautsalat und den grünen Salat, die sich um die Hühnerstücke türmten.
Onki steckte sich die große, weiße Serviette in sein Gilet, hob das Hendelbein mit den Händen vom Teller, nahm es in die Finger und fing an, hinein zu beißen.

Ich rief: »Luise schau!«, und Luise sagte »pscht« und nahm die Hendelbrust zwischen die Finger.

Alle Gäste aßen nun die Hühnerstücke mit den Händen, nur das Fräulein benutzte Messer und Gabel und sagte: »Bitte um Entschuldigung, ich habe Angst vor Flecken auf meinem Kleid«, und wurde rot, als sie das sagte.

Luise band die Serviette über mein weißes Matrosenkleid, und ich aß vier Stücke Hendel, alle mit der Hand, aber als ich mit der Hand in den Salat greifen wollte, sagte das Fräulein: »Der Herr Doktor ißt den Salat mit der Gabel!«

Die Gäste bissen in die Backhendeln, schoben sich große Mengen Krautsalat in den Mund, tranken weißen Wein. Gesprochen wurde wenig, nur Johanns Mutter hatte gesagt: »Grünen Salat vertragt mein Magen nicht.«

»Essens halt Krautsalat, Frau Krumpel«, hatte Luise gesagt.

Als die Hochzeitstorte kam mit einem Zuckerbrautpaar auf der weißen Glasur, eingehüllt in einem Wellenschaum von Schlagobers, und Onki Champagner einschenken ließ, fing die Burgi zu weinen an und sagte ganz leise vor sich hin: »Das ist der schönste Tag in meinem Leben!« Sie griff nach Onkis Hand und küßte sie.

Onki stand auf, hob sein Glas und sagte: »Notburga und Johann, heute ist euer schönster Tag, es mögen viele gute Tage und Jahre folgen!«

Die Männer und Luise tranken ihre Gläser leer, das Fräulein und ich tranken unsre Gläser halb aus, und die Frau Krumpel nippte an dem ihren und nieste.

»Daß Sie nicht sagen möchten, Gspritzter schmeckt Ihnen nicht, Frau Krumpel!« sagte Luise laut.

»Ich sag eh nichts«, sagte Frau Krumpel.

Die andern sagten auch nichts und saßen still und stumm um den Tisch.

Da erhob sich Onki und sagte: »Ich muß Sie auf kurze Zeit verlassen. Bitte bestellen Sie sich alles, was Sie gern haben. Luise hat die Kasse, Luise zahlt alles!« Er wendete sich Luise zu und drückte ihr Geld in die Hand. »Also Luise: Salamini – duri-duri – Gees – Gees – pivo – vino, spendieren – spendieren – heute ist Hochzeit!«

Die ganze Gesellschaft fing an zu lachen, als Onki die komischen Worte aufzählte.

Ich sprang auf und rief: »Gehen wir, gehen wir«, und hüpfte auf einem Bein um Onki herum.
Onki fragte: »Wollen Sie mitkommen, Fräulein?«, und das Fräulein sagte: »Ich komme gerne mit.«
Im Weggehen hörten wir noch das starke Gelächter, das über den Tisch prasselte.

Nun ging es hinein in den großen Lärm, Onki hielt mich fest an der Hand, und ich hielt das Fräulein fest, unsre Hände waren wie Kettenglieder einer starken Kette.
Es war ein Meer, in das wir uns stürzten. Onki zog uns durch die Wellenberge und Wellentäler, darüber war ein ungeheures Brausen. Musik schepperte aus allen Ecken von den Ringelspielen her, den Grottenbahnen, den Tanzsälen, und die hohen und die tiefen Stimmen der Ausrufer überkreischten, übertönten die Musik.
Ich blieb stehen, um das Winseln des Wurschtels zu hören: »Au-au-au-«, winselte er, »der Teifel holt mi – au – au – au!«
Ich ließ die Hände los, lief hin zum Wurschteltheater, da war der Teufel schon verschwunden, der Wurschtel neigte sich über ein weißes, lebendiges Häschen, klatschte in die Hände und schrie: »Haserl, Haserl«, und die Kinder, die auf den Bänken saßen, klatschten auch.
Dann wurde es dunkel um mich, mein Kopf steckte zwischen dem gestärkten Blusenhemd einer Iglauerin und einem blauen Uniformrock.
»Jessas na, wo kommen Sie her, Fräulein, sehn's net, daß wir grad beim Busseln san«, sagte der Soldat und trat zurück.
Die Iglauer Amme setzte mir meine Tegetthoffkappe zurecht, die sich verschoben hatte.
»Nicht verschrocken sein«, sagte sie und lachte, »so in ein paar Jahrln und du wirst Busseln auch mögen!«
»Wo ist mein Onki«, rief ich, und Tränen standen in meinen Augen.
»Großes Mädel wird nicht weinen«, sagte sie, »wird laut schreien: Onki, Onki – und Jeschitschka, schon is er da!«
Ich schrie: »Onki, Onki«, lauter als die Ausrufer, und als ich fünfmal gerufen hatte, stand er da, der Onki.
»Sixt es, da habn ma ihn«, sagte der Soldat und schob mich dem Onki zu, »gut is gangen, nix is gschehn«, und salutierte.

»Nicht mehr loslassen«, sagte Onki und hielt mich fest bei der Hand.
Beim Calafati-Chinesen stand das Fräulein.
»Ich habe Angst gehabt«, sagte das Fräulein.
Onki lachte: »Beim Wurschtel habe ich sie gefunden, bewacht von einer Iglauerin und einem Dragoner! So – und jetzt ein ruhiges Ringelspiel!«
Wir setzten uns in die Eisenbahn und fuhren um den neun Meter hohen Chinesen herum, der seinen Arm hob, senkte und mit dem Zeigefinger auf etwas deutete, das nur er zu sehen schien. Sein Gewand war prächtig, aber zerschlissen, das Licht war düster, es roch wie in einem Gemüseladen, in dem Kohlblätter zertreten auf dem Boden liegen.
Als ich noch klein gewesen war, hatte ich mich vor dem großen, mächtigen Chinesen gefürchtet, nun aber war er alt geworden und traurig.
Wir fuhren ohne Geschrei, um ihn nicht zu stören um seinen Rocksaum herum in der kleinen Eisenbahn.
»Viel Zeit haben wir nicht«, sagte Onki, »wir dürfen nicht zu lange fortbleiben von unsern Gästen.«
»Also kein Ringelspiel mehr«, sagte ich, »keine Grottenbahn, kein Riesenrad, aber vielleicht eine Hutschen?«
»Bitte nein«, sagte das Fräulein, »da wird mir übel!«
»Dann bitte, bitte die Railway!« rief ich.
»Ja«, sagte Onki, »die Railway muß sein, aber vorher will ich mir noch Geschenke für unsre Gäste erschießen!«
Die Schießstätte, zu der wir gingen, lag ein wenig außerhalb des großen Lärms. Einige Soldaten standen vor dem Ladetisch und schossen.
An der Wand waren Tiere und Personen, sie alle trugen einen weißen Kreis mit schwarzen Ringen und einem schwarzen Punkt in der Mitte, die Tiere hatten den Kreis meist an der Seite, die Personen auf der Brust.
Onki ließ sich ein geladenes Gewehr geben und wollte auf einen Hasen anlegen, ich aber schrie: »Nicht das Haserl, nicht das Haserl!«
»Du schreist ja wie der Wurschtel«, sagte Onki. »Auf wen soll ich denn schießen?«
»Auf die Trommlerin«, sagte ich.
Da stand sie in einem braunen Gewand mit kurzem Rock, mit struppigen Haaren, eine Trommel umgeschnallt, die

Schlegel in ihren Händen. Sie hatte rote Wangen, schwarze Augen und machte ein böses Gesicht.
Onki legte an, und seine Kugel traf den schwarzen Punkt.
»Jetzt ist sie tot«, sagte ich, aber in diesem Augenblick fing das struppige Mädchen an zu trommeln, es klang wie Holzschuhklappern, dann stand sie plötzlich wieder still da auf ihren gespreizten, dicken Beinen.
»Darf ich nicht auf Tiere schießen?« fragte Onki.
»Bitte nicht«, sagte ich, »nur auf Personen.«
Onki schoß und traf immer ins Schwarze. Dreimal noch schoß er auf die Trommlerin und traf sie mitten ins Herz, so daß sie immer wieder trommeln mußte.
Die Soldaten hatten aufgehört zu schießen und sahen Onki zu.
Ich sammelte die Preise ein: Bär, Katze, Puppe, Nachttopf, Uhr, Wickelkind, Neger und Aschenbecher.
Ein Soldat fragte: »Sind der Herr vielleicht in einem Krieg gewesen?«
»Im bosnischen«, antwortete Onki, »Oberleutnant der Reserve.«
»Ah so«, sagte der Soldat, »entschuldigen der Herr Oberleutnant«, und salutierte.
Onki verlangte eine Schnur, daran hängten wir Bär, Katze, Puppe, Wickelkind und Neger an ihren Hälsen auf. Durch das eine Ende der Schnur zogen wir den Henkel des Nachttopfs, am andern Ende baumelte die Uhr.
»Wie ein Rastlbinder schaust du aus«, sagte Onki, als ich mir die Schnur über die Schulter legte, »du brauchst nur: rastelbinde, fanneflicke, Mausfalli zu rufen.«
Er steckte den Aschenbecher in seine Tasche und holte Geldstücke heraus. »Das zur Entschädigung«, sagte er zur Besitzerin der Schießstätte, die ihm immer wieder die Gewehre geladen und seinen Volltreffern ängstlich zugeschaut hatte. »Haben Sie keine Angst, ich komme heute nicht mehr wieder!«
Nun mußten wir von der stillen Schießstätte durch das große Meer hinüber zur Railway.
»Nicht loslassen«, befahl Onki, »festhalten!«
Wir stießen und schoben uns durch die Menge, Onki stemmte sich zwischen Erwachsene, schlängelte sich zwischen Kindern durch, stolperte über Hunde. Der Lärm war

noch dröhnender geworden, es war als stünde ich unter der großen Stephansturmglocke, als wäre ich unter der Pummerin eingeschlossen, ohne mich vor ihrem brausenden Läuten und dem Pumpern des Klöppels zu fürchten. Es roch nach süßem türkischen Honig, nach Bratwürsteln, nach Holz, Eisen, Leim, Bier, gebrannten Mandeln und Luftballons.

An der Kasse der Railway standen viele Leute, und ich hatte Angst, wir könnten keinen Platz mehr im ersten Wagen bekommen, wo man die ganze Aussicht auf die entsetzlichen Abgründe vor sich hatte. Aber Onki gab dem Sitzplazierer ein Trinkgeld, wir warteten eine Fahrt ab und bei der nächsten Fahrt reservierte uns der Plazierer die vorderen, die besten Plätze für Furchtlose.

Bevor die Bahn zu fahren begann, hatte mir das Fräulein die Schnur von der Schießstätte abgenommen, damit ich mich nicht darein verwickeln konnte. Sie saß hinter uns mit einem fremden Herrn.

Ich hatte gerade noch Zeit, meinen Onki zu umarmen und ihm zu sagen, daß der Prater die allergrößte Freude und er mir das Liebste auf der Welt sei – da fing die Berg- und Talbahn an zu fahren.

Anfangs fuhren wir noch langsam, dann kam der Abgrund, in den wir hinuntersausten und doch wieder heraus und hinauf kamen.

Zwei Abgründe lang vergaß ich zu schreien, obwohl alles um mich schrie, aber bei den nächsten Abgründen schrie ich in den höchsten I-i-i-i-Tönen, es kribbelte im Magen und in den Ohren, es kitzelte und hitzte, alle waren toll vor Vergnügen und Lust.

Eine kleine Strecke ging es ganz eben, es wurde still, und wir schauten auf die Leute hinunter, die zwischen unseren Hochgebirgen tief unten im Tale auf einem stillen Wasser in Booten fuhren und uns zuwinkten.

Gleich aber kam wieder ein Abgrund, und ausgeruht schrien wir lauter als zuvor. Dann war es zu Ende, wir standen still.

Ich sagte »bitte, bitte«, und Onki blieb sitzen und zahlte für die zweite Fahrt.

Das Fräulein stieg aus, sagte: »Ich werde warten«, und wir sahen uns kaum nach ihr um.

Nun waren wir schon eingeschrien und merkten nicht, wie heiser unsere Stimmen wurden.

Die zweite Fahrt schien kürzer zu sein und rascher zu Ende.
Wir stiegen aus und suchten das Fräulein.
Wir fanden sie nahe beim Ausgang unter einem Baum. Sie lehnte an dem Baum, der fremde Herr stand neben ihr.
»Der Dame ist nicht wohl«, sagte der fremde Herr.
Onki und ich sahen uns erschrocken an.
»Ich werde einen Einspänner besorgen«, sagte Onki, »und sie hier abholen.«
Er nahm ihren Arm, stützte sie, und der fremde Herr stützte sie auch, sie geleiteten sie zu einer Bank.
»Danke, mein Herr«, sagte Onki, und der fremde Herr ging fort.
Ich saß neben dem Fräulein auf der Bank, ich nahm ihr die Schnur von der Schießstätte aus den Händen. Ich merkte, daß sie keine Handschuhe anhatte, und sie trug immer Handschuhe auf der Straße. Ich wollte sie nicht fragen, ob sie sie verloren hatte.
Das Fräulein war bleich und sprach kein Wort.
Onki kam bald zurück, wir führten das Fräulein ganz langsam zu dem Einspänner. Das Fräulein lehnte sich zurück und seufzte.
»Ihre Adresse?« fragte Onki.
»Ich weiß sie«, sagte ich, bevor das Fräulein zu antworten versuchte, und sagte sie dem Kutscher.
Onki saß neben dem Fräulein, ich setzte mich auf die kleine Bank gegenüber.
Onki sah auf die weißen, unbehandschuhten Hände des Fräuleins, dann ergriff er die Hände und rieb sie zwischen den seinen, zuerst die linke und dann die rechte.
»Eiskalte Hände haben Sie«, sagte er.
»Oft«, sagte sie und versuchte zu lächeln.
Wir hielten vor einem schönen Haus.
»Das ist doch das Palais –«, sagte Onki, ohne den Namen zu nennen. Er schwieg, dann fragte er: »Sind Sie mit der Baronin verwandt?«
»Ja«, sagte das Fräulein zögernd.
»Ach so«, sagte Onki, »darf ich Sie zur Türe begleiten?«
»Danke nein«, sagte das Fräulein, »es geht mir schon besser.«
Sie verschwand in dem schönen Haus.
»Kennst du die Baronin?« fragte ich.
»Nicht persönlich«, sagte Onki, »aber ich weiß von ihr. Ihr

Mann hat sich erschossen, weil er zuviel Geld verloren hat.«

Als wir zu unsrer Gesellschaft zurückkamen, wurden die Laternen angezündet.
»Sie müssen entschuldigen, daß wir so lange weggeblieben sind, dem Fräulein war nicht wohl, wir mußten sie heimbringen. Nun können wir noch eine Stunde zusammen bleiben, dann kommen die Fiaker und holen uns ab«, sagte Onki.
Ich wollte die Dinge, die an der Schnur baumelten, verteilen, aber Onki sagte »Später« und hängte die Schnur an meiner Sessellehne auf.
An unserm Tisch ging es lustig zu und hoch her.
Der Johann hielt die Burgi im Arm und sang:
>   Trink ma no a Flascherl
>   trink ma no a Flascherl
>   habn ma no a Geld im Tascherl,
und dazwischen küßte er die Burgi immer wieder.
Der Onkel der Burgi hatte den Arm um Luisens Schulter gelegt, der Vogel auf ihrem Hut saß schief in den Samtrüschen und sah drein, als wollte er davonflattern.
Luise schob Salamischeiben und Kässtücke in den Mund des Onkels, so wie sie's mit mir noch immer machte, wenn ich nicht essen wollte.
Dann trank sie Bier aus einem Krügel und begann zu singen:

> *Šla Naminka do zelí*
> *do zelí, do zelí,*
> *šla Naminka do zelí,*
> *do zelíčka*
>
> *Ty, ty, ty*
> *ty, ty, ty*
> *ty to musíš platiti.*

Das hieß auf deutsch:

>   Annerl, die ging ins Kraut,
>   in das Kraut, in das Kraut,
>   Annerl, die ging ins Kraut,
>   in das Kräutlein
>
>   Du, du, du
>   du, du, du
>   du mußt das bezahlen, du.

»Weiter, weiter«, rief Onki und klatschte in die Hände.
Luise hatte eine helle, hohe Stimme.
»Sie können ja singen wie eine ganz Junge«, sagte Burgis Onkel.
Luise wurde rot und sang weiter von der Naminka, die mit ihrem Körbchen ins Kraut gegangen war, dann kam der böse Pepitschek daher und zerriß ihr das Körbchen. Es war ein trauriges Lied, und ich hörte es so gern wie das vom Mariechen – saß – auf – einem – Stein.
Das tititi und platiti tirilierte die Luise wie ein Kanarienvogel, und alle freuten sich darüber. Nur Frau Krumpel saß stumm da, schluckte große Tortenstücke langsam herunter, und ihr Stehkragen bewegte sich dabei so stark, daß es aussah, als würde der Schnurrbart des Herrn Krumpel auf der weißen Brosche zu zittern beginnen.
Als Luise zu Ende war mit ihrem Lied und alle klatschten, sagte Frau Krumpel: »I kann diese böhmischen Lieder net leiden, überhaupt diese Böhmen in Wien.«
»Hörn Sie auf, Frau Krumpel«, sagte Burgis Onkel, »wann Sie nur den Mund aufmachen, kommt immer was Ungemütliches heraus.«
Der Freund von der Post schenkte der Frau Krumpel Süßwein ein, sie nippte am Glas und setzte es so fest nieder, daß der Wein überschwappte.
»So, jetzt haben wir auch noch Flecken am Tischtuch«, sagte Burgis Onkel, Luise nahm ein Salzfaß und streute Salz auf den großen, roten Fleck.
»Uje«, sagte der Freund von der Post, »das gibt an Streit.«
»I sag, was i sag«, sagte Frau Krumpel, und ihre Augen funkelten.
»Aber Mutter sag doch heut einmal nichts«, bat Johann und legte den Arm um seine Mutter.
»Laß mich in Ruh«, sagte Frau Krumpel und schüttelte seinen Arm ab, »i sag was i sag. Singen kann i net, das g'hört sich auch net für eine reschpektable Frau, aber hersagen kann i das G'stanzl...«, und dann sprach sie es ganz langsam:

»Es gibt nur a Kaiserstadt, es gibt nur a Wien,
Die Wiener san draußen, die Böhm, die san drin!«

Als alles schwieg, sprach die Frau Krumpel weiter: »Wenns nach mir ging, müßt es so sein:

> Vor der Taborlinie* habens a Sperrschiff hinbaut,
> Damit sich ka Böhm mehr nach Wien eina traut.«

Die Luise war ganz weiß im Gesicht geworden, der Johann umklammerte die Burgi, die leise vor sich hinweinte.
Burgis Onkel schlug mit der Faust auf den Tisch und rief: »Jetzt is aber gnua. Für Sie sollt man so a Sperrschiff haben, Sie san ja net amal aus Wien – das hab ich aus die Papier heut gsehn – Sie san ja aus Gänserndorf – und da will sie sich aufspielen...«
»Beleidigen tut er mich«, schrie Frau Krumpel, »und is selber net aus Wien! Beleidigen laß i mi net, i geh z'haus, i bleib nimmer in so aner Gesellschaft!« Sie wollte aufstehen, aber Onki stand plötzlich hinter ihr und drückte sie zurück auf ihren Stuhl.
»Sie bleiben, Frau Krumpel«, sagte er, »bis wir alle weggehen, und Sie werden unsre Gesellschaft nicht mehr beleidigen, haben Sie verstanden? Den Johann und die Burgi werde ich noch heute abend in ein Hotel einquartieren, damit sie Sie nicht stören können, damit Sie allein sind in Ihrer Wohnung, Frau Krumpel.« Onki hatte die Hände noch immer auf Frau Krumpels Schultern liegen. Frau Krumpel atmete schwer, preßte ihre Lippen aufeinander, und es kam kein Wort mehr aus ihrem Munde.
Wir redeten nichts, bis Burgi ausrief: »Dort ist der Gotscheberer, Johann, ich möcht so gern einen Feigenkranz!«
Onki rief den Gotschewer an unseren Tisch.
Er trug einen großen Korb voll Datteln, Früchten, Feigen, süßen Nüssen vor sich her.
Burgi holte einen Kranz Feigen aus dem Korb und zog ihn über die Hand wie ein Armband.
Der Gotschewer ging um den Tisch herum und stellte sich vor mir auf. Er hatte ein lustiges Gesicht, er sprach nicht böhmisch-deutsch, nicht wie der Salamudschimann oder der Rastelbinder, oder der Kochlöffelkrowot oder die Bosniaken, die silberne Ketten, Ringe und Messer verkauften, er sprach deutsch wie wir und doch anders.
Die kämen aus Gotschee in Krain, hatte mir Onki einmal erklärt, leben im Slowenischen und sind Deutsche.
»Grad oder ungrad«, fragte der Gotschewer.
»Ungrad«, rief ich. Er hielt mir ein Säckchen hin, und ich

---
* Über die Taborstraße kamen die Böhmen, Slowenen und Kroaten nach Wien.

zog ein Holzplättchen aus dem Sack, darauf war eine Sieben gemalt.

»Ungrad, ungrad, ich habs erraten«, schrie ich, der Gotschewer sagte: »Gewonnen«, und legte ein Säckchen mit gebrannten Mandeln vor mich hin.

»Wer will noch raten und Lose ziehen?« fragte Onki und gab dem Gotschewer ein Geldstück.

»Da wollen wir was ganz Akkurates machen«, sagte Burgis Onkel, »grad heißt heiraten und ungrad ist ledig bleiben. Ziehen dürfen nur die Ledigen, Witwen zählen nicht!«

Beim Freund von der Post fing es an. Er sagte: »Grad«, und zog eine Zwei, und Onki sagte: »Ich gratuliere, in längstens zwei Jahren werden Sie heiraten«, und vom Gotschewer bekam er Datteln.

Dann kam Burgis Onkel dran, der sagte »Ungrad«, und zog eine Sechs, und alle riefen: »Das ist grad – grad – heiraten werden Sie« – aber er bekam nichts vom Gotschewer, weil er falsch geraten hatte. Er drückte Luise die Hand und sagte: »Darf ich dem Fräulein Luise ein Feigenkranzl kaufen?«

Luise wurde rot und nickte.

»Jetzt würde das Fräulein drankommen«, sagte ich.

»Gehts ihr hoffentlich schon besser«, sagte Luise leise, »daß sie uns nicht krank werden tät.«

»Sie hat nur kalte Hände«, sagte ich.

»Luise, jetzt sind Sie dran«, sagte Onki.

Luise flüsterte: »Ungrad.«

»Was«, rief Burgis Onkel, »ledig wollen Sie bleiben, da hört sich aber alles auf!«

Luise rief rasch: »Grad, grad«, und zog eine Eins aus dem Sack und hatte verloren.

Ich umhalste Luise und sagte: »Da wirst du immer, immer bei uns bleiben.«

Ich spürte, daß meine Wange feucht wurde, ich legte meine Hand auf Luisens Augen, damit niemand ihre Tränen sehen konnte.

»Zuletzt kommt der Herr Doktor«, sagte Burgi.

»Grad«, rief Onki und zog eine Acht.

»In acht Jahren erst wird unser lieber Herr Doktor heiraten«, sagte Burgi und lachte.

»Ja«, sagte Onki zu mir, »in acht Jahren bist du Neunzehn, da kannst du mich heiraten!«

Onki lachte, und die Männer lachten auch.
Ich aber lachte nicht und sagte: »Ich kann dich nicht heiraten, Onki, du bist zu alt.«
Onki und die andern hörten auf zu lachen, es wurde ganz still, nur die Papiersäckchen knisterten im Korb des Gotschewer.
»So«, sagte Onki, »wer sagt das?«
»Der Laszlo hat es gesagt«, ich spürte, wie meine Hände und Füße kalt wurden.
In dem Augenblick kam der Fiaker Schan und sagte: »Die Herrschaften könnten einsteigen.«
Die Burgi und der Johann waren in unserm Wagen, alle andern fuhren mit dem zweiten Fiaker.
Ich saß nicht mehr auf dem Bock, ich saß neben Onki, dem Brautpaar gegenüber.
Die Maiglöckchen waren nicht mehr da, nur ein Strauß hing verwelkt an der Wagenlaterne.
Onki ließ vor einem kleinen Hotel halten, Johann und Burgi stiegen mit ihm aus, er sprach mit dem Portier und ordnete alles.
Dann waren wir zwei ganz allein im Wagen.
Die Schnur von der Schießstätte mit allen Dingen dran lag über meinen Knien.
Der Mond schien.
Schan drehte sich um, zeigte auf den Mond und sagte langsam: »Eine schöne Maiennacht!«
Ich fror und sagte, ohne Onki anzuschauen: »Sei mir nicht bös.«
Onki saß unbeweglich da und sagte ruhig: »Ich bin dir nicht bös«, und da wußte ich, daß etwas geschehen war, wofür es keine Verzeihung gab.

XVIII Der Lackhut

Bald nach Burgis Hochzeit kam die Zeit der großen Übersiedlung. Wir hatten zwei Monate und zwei Wochen Schulferien, sechs Wochen war ich bei Mama, drei Wochen lang durfte ich mit Onki auf Reisen gehen. Mit Mama war ich

auch immer auf Reisen gegangen, nach Heringsdorf, Scheveningen, Interlaken, Bozen, Lovrana, und da war das Packken ganz leicht gewesen.
In drei Tagen hatten Luise und Burgi die sieben Koffer fertig gepackt, die großen Hüte sorgfältig auf die harten Polster des mächtigen, viereckigen Hutkoffers angenadelt und in den hellfarbenen, leinenen Schirmbehälter viele bunte Sonnenschirme und einen schwarzen Regenschirm getan.
Seit zwei Sommern reisten wir nicht mehr, wir übersiedelten nach Bad Ischl. Wir waren schon vorher, besonders im August, in Ischl gewesen, aber nur als Hotelgäste.
Im vorigen Jahr hatte Mama eine Fünfzimmerwohnung mit Küche gemietet, und die Vorbereitungen zu dieser Übersiedlung dauerten mehr als eine Woche.
Mama hätte sich vielleicht mit der Einfachheit der Ischler Wohnung abgefunden, wie es ja auch die Puppenhausbewohner in ihrem Sommerhaus taten, aber die Luise wollte Gewohntes um sich haben und darum mußten unzählige Dinge mitgenommen werden, in Kisten, Koffern und Körben verpackt, damit alles wie in Wien um sie war.
»Das muß schön ordentlich sein«, sagte sie, »nicht so eine andere Wirtschaft, immer schön das Gleiche benützen, solange man nicht plötzlich arm tät werden.«
Vor allem packte sie Silberbesteck und Silbergeräte in einen Korb, der sehr schwer zu tragen war, Luise aber ließ ihn nicht aus den Händen, sie gab ihn keinem Träger zu tragen, sie stellte ihn in der Bahn auf den Boden des Coupés und setzte sich darauf, anstatt auf der Bank zu sitzen.
Ich verlangte einen großen Koffer, nur für meine Spielsachen, aber er war nicht groß genug, um den Krokettkasten hinein zu packen.
Luise sagte: »So viel Kinder hast du dort zum Spielen, ist nicht nötig so viel Spielsachen«, und packte doch ein, was ich ihr reichte und legte den Krokettkasten auf den vollgepackten Koffer.
Im Ischler Haus wohnten außer uns noch zwei Sommerfrischler-Parteien, die je drei Kinder hatten, und die Hausbesitzerin hatte zwei. Wir Neune hätten viele lustige Spiele im Sinn gehabt, aber meine Mama litt viel an Kopfweh und verabscheute Lärm, die ungarische Dame unter uns war

schwer leidend und vertrug keinen Lärm, nur die Familie im Parterre war gesund und durfte keinen Lärm machen.

Machten wir aber doch Lärm im Garten vor dem Haus, so öffnete sich gleich ein Fenster im ersten Stock, ein Fräulein rief: »Nem szabad, gyerekek!«, und die Mama schaute aus dem zweiten Stock auf uns herab und sagte: »Aber bitte!«, und beides waren Befehle, mit dem Lärm aufzuhören, sich vom Hause zu entfernen und Spaziergänge mit den drei Fräulein zu machen.

Drum sagte ich während des Einpackens: »Ich freu mich garnicht auf Ischl«, und dann sagte Luise: »Auf mich tut nur Müh und Plag kommen und zuviel Gäst, und ich sehn mich jetzt schon nach meinem stillen Stüberl hier.«

Diesmal war das Packen besonders schwierig, weil Burgi nicht mehr da war, dafür war die Ruzicka da.

Luise hatte die Ruzicka einmal in der alten Schule kennengelernt, es muß wohl nach Gabrielens Tod gewesen sein, und die Novak hatte der Ruzicka erlaubt, an ihren freien Tagen zu Luise zu gehen.

Als es nun bei der Burgi zum Heiraten kam, hatte Luise an Mama geschrieben: »Die Ruzicka ist braves Mädel, kann arbeiten wie zehn und deutsch wird sie auch schon noch lernen.«

So war jetzt die Ruzicka im Haus und wurde von Luise angelernt.

Luise war sehr streng und erklärte ihr oft: »In Schule ist wie Hotel, aber in gute Haushalt muß alles ordentlich sein und peinlich!« Bei der Hausarbeit sprachen sie noch manchmal deutsch miteinander, als es aber dann zum Packen und Einkampfern kam, gab Luise ihre Befehle nur auf böhmisch, und ich verstand tagelang nichts von dem, was sie miteinander redeten. Als ich klagte, sagte Luise: »Geduldig sein mußt du, Mädel macht Blödsinn, wann ich deutsch mit ihr red.«

Als die Luise mit der Ruzicka das große Gummischaff, ›Tub‹ genannt, das in Ischl jeden Abend in der Küche zum Baden aufgestellt werden mußte, weil die Wohnung kein Badezimmer hatte – als die Luise nun mit der Ruzicka dieses große Ding zusammenlegen wollte, ließ die Ruzicka die eine Hälfte des steifen Gummis aus ihren Händen gleiten, die Hälfte sprang wie ein großer, böser Fisch die Luise an,

Luise schrie auf, ließ das Gummischaff fallen und gab der Ruzicka eine Ohrfeige.

Luise hatte der Burgi nie eine Ohrfeige gegeben, ich weinte fast vor Entsetzen, und die Ruzicka brüllte vor Weinen.

Das Fräulein wollte die beiden beruhigen, aber sie sprach so fremd deutsch, daß die beiden kein Wort zu verstehen schienen.

Da ballte ich die Fäuste und schrie: »Der Mama werd ichs schreiben, der Mama werd ichs schreiben!«

Da wurden die beiden still, und dann sagte Luise: »Wenn Gnädige nicht tät fort sein, möcht sowas garnicht passieren«, und ging aus dem Zimmer.

Ruzicka stand vor dem runden Gummischaff, das sich wie eine Riesenqualle über den Boden gestülpt hatte, und weinte noch immer.

Da fragte ich sie: »Wie heißt du, Ruzicka, mit dem Vornamen?«

Ruzicka schluchzte: »Bin ich Babinka, Babinka ...«

Ich ging um das Gummischaff herum auf sie zu und sagte: »In der Schule, da warst du doch so gescheit, Babinka, warum bist du bei uns so dumm?« Babinka hatte aufgehört zu weinen und sagte ganz leise: »Waren dort so viele, bin ich hier allein!«

Das Fräulein faßte das Gummischaff an einem Ende an, und ich und Babinka packten es am andern, wir legten es zusammen, wie sichs gehörte, und taten es in eine große Kiste. Dann ging das Fräulein ins Vorzimmer ans Telephon und rief den Onki an.

Als sie zurückkam, sagte sie: »Du kannst dich gleich anziehen, der Herr Doktor erwartet dich, du darfst allein zu ihm hinübergehen. Um sechs Uhr werde ich dich abholen, da ist hier wohl das Ärgste vorbei und das meiste gepackt.«

»Darf ich meinen Lackhut aufsetzen?« fragte ich.

Das Fräulein lächelte: »Setze ihn nur auf, deinen Lackhut!«

Ich durfte niemals allein und ohne Begleitung ausgehen und als ich nun zweimal die Straße zu überqueren hatte, ließ ich viele Wagen vorbei fahren, bevor ich mich traute, über die Straße zu laufen.

Damals, nach Madeleines Tod, als ich davon gelaufen war, hinüber zum Onki, da hatte ich keine Angst vor der Straße und ihren schnellen Fahrzeugen gehabt, nicht einmal die hohen Autos, die wie Würstelstände auf Rädern aussahen, konnten mich schrecken.

Aber jetzt war ich älter geworden, vieles schreckte mich nicht mehr, was mich früher erschreckt hatte und manches erschreckte mich mehr.

Onki stand im Vorzimmer im Paletot, zum Ausgehen bereit. Er hatte Glacéhandschuhe an und den steifen Hut auf dem Kopf und einen feinen, schwarzen Stock in der Hand. Onki hatte viele Spazierstöcke, aber das war mein Lieblingsstock. Er sah aus, als ob er leicht wäre wie eine Feder, aber er war nicht so leicht. Der silberne Griff konnte abgeschraubt werden und, vorsichtig herausgezogen, hielt er eine hauchfeine Klinge, die so scharf geschliffen war, daß ohne Mühe ein Hals damit durchschnitten, ein Herz damit durchstoßen werden konnte. In jedem Räuberwald konnte man mit diesem Stock getrost spazierengehen.

Onki sagte: »Du hast deinen schönen Lackhut auf, ist es nicht zu stürmisch für den Lackhut?«

»Nein«, sagte ich, »ich werde ihn gut festhalten.«

Der Lackhut hatte eine große, gebogene Krempe, er war hart und schwer, aber er funkelte wie ein schwarzer Spiegel, und ich liebte ihn über alle Maßen.

Wir gingen auf dem Ring spazieren, der Wind blies, und als wir zum Schwarzenbergplatz kamen, überfiel uns ein staubiger Wirbelwind, der Staub schlüpfte in Mund und Nase, der Wind blies um unsre Hüte.

Wir liefen in ein Haustor, ich setzte meinen Lackhut ab und sah, daß er trüb vor Staub war. Ich rieb ihn mit meinen weißen Handschuhen, hauchte ihn an und putzte ihn so blank, daß sich unsre Gesichter darin wieder spiegeln konnten. Wir gingen weiter, der schlimmste Wind war auf dem großen Platz geblieben, jetzt stießen nur mehr kleine Windwellen gegen unsre Hüte.

Ich erzählte Onki vom Packen, von der Ohrfeige, ich erzählte ihm von Mamas Briefen aus Lovrana.

»Wird Mama nicht nach Wien kommen?« fragte Onki.

»Mama hat geschrieben, sie will noch in Lovrana bleiben und dann gleich, ohne Aufenthalt in Wien, nach Ischl fahren«, sagte ich. »Sie hat auch noch einige Dampferfahrten vor: nach Lussin Piccolo, nach Brioni und in Pola möchte sie

sich gern die Schlachtschiffe ›Viribus Unitis‹, ›Prinz Eugen‹ und ›Tegetthoff‹ ansehen, schreibt sie.«
»Kannst du dich an Pola erinnern?« fragte Onki, »an die vielen Schiffe und die schönen Uniformen der Marineoffiziere?«
»Nein«, sagte ich, »ich kann mich nicht gut erinnern, da war ich noch zu klein. Aber an Miramare kann ich mich erinnern, weißt du noch, wie der Foxl von dem Erzherzog mit den Zähnen an meinem Eisbären gehangen hat? Du bist auf der Schloßterrasse gestanden und hast den Eisbären mit dem Foxl dran so hochgehalten, bis er loslassen mußte. Du hast den Eisbären gerettet, und Luise hat ihn geflickt, weißt du noch?«
»Ach ja«, sagte Onki, »Miramare, Abbazia, Lovrana – Mama hat ganz recht, sie soll nur noch lange in der Sonne bleiben, bevor sie in den Ischler Regen kommt!«
Nun waren wir zur Opernecke gekommen, und ein zweiter Wirbelwind wollte unsre Hüte forttragen, aber wir hielten sie fest. Wir bogen in die Kärntnerstraße ein und gingen langsam an den vielen, schönen Geschäften vorbei.
Unter einem Laternenpfahl blieb ich stehen.
»Kannst du dich noch erinnern?« fragte ich, »wie du damals auf die Laterne geklettert bist und die Leute dir zugeschaut haben und der Wachmann gekommen ist und dich heruntergeholt hat, und einer von den Leuten hat gesagt: ›Das ist ja der Herr Doktor‹, und dann haben wir nicht auf die Wachstube gehen müssen.«
»Du hattest es ja wollen, daß ich hinaufklettere«, sagte Onki, »du hast mich ja darum gebeten«, und dann lachten wir, hielten uns an der Laterne fest und lachten.
Da öffnete sich die Türe eines Geschäftes, das Fräulein trat aus der Türe und ging auf unsre Laterne zu. Onki hörte auf zu lachen und küßte dem Fräulein die Hand. An ihrer andern Hand baumelten viele kleine Pakete.
»Ich habe sehr viele Besorgungen zu machen«, sagte das Fräulein, »Mama hat uns eine Liste mit Aufträgen geschickt, ich weiß nicht, wie ich damit fertig werden soll.«
»Wollen wir nicht zuerst Kaffee trinken gehen?« sagte Onki, »die Konditorei ist gerade gegenüber.«
»Ja, bitte, gehen wir«, sagte ich und faßte das Fräulein an der Hand.

Onki hatte sich umgedreht. Hinter uns stand eine Blumenfrau, sie hatte vielerlei Blumen in ihrem Korb, und die schönsten unter ihren Blumen waren die Rosen.
Onki nahm ein Bouquet roter Rosen aus dem Korb und gab es dem Fräulein.
»Ach«, sagte das Fräulein, »ich danke«, und legte die Rosen in ihren Arm.
»Willst du dir auch Rosen aussuchen?« fragte Onki, »du hast doch die rosa kleinen so gern«, er hielt mir einen Strauß kleiner Rosen hin.
»Ich mag keine Rosen«, sagte ich und warf den Strauß in den Korb zurück.
In diesem Augenblick kam ein scharfer Windstoß vom Stephansplatz her und riß mir den Lackhut vom Kopf. Der Lackhut, vom Wind getrieben, taumelte wie ein verwundeter Vogel und blieb auf der Straße liegen.
Da fürchtete ich keine Fahrzeuge mehr und keine Pferde, ich sah nur den Hut und mußte ihn retten vor den Hufen der Pferde, vor den Rädern der Wagen.
Ich warf mich auf die Straße, ich fiel in die Knie, faßte den Hut, hielt ihn fest am äußersten Rand. Ganz nah an meinen Händen vorbei rollte ein Rad, und das Rad zerbrach den Hut.
Ich hörte Rufe und Schreie, Pferdestampfen, Bremsenquietschen, dann stand ein Wachmann über mir, hob mich auf und legte mich dem Onki in die Arme.
»Nix is gschehn«, sagte der Wachmann, »a Wunder is das und besser aufpassen hättns können, so ein Malheur darf nicht passieren!«
Er und Onki gingen von der Straße weg zum Trottoir, die Leute standen um Onki und den Wachmann herum, der stellte Onki Fragen, und Onki gab Antworten.
Onki hatte mich noch immer auf dem Arm, ich versteckte meinen Kopf in seinem Mantelkragen und biß in das kleine, staubige, schwarze Stück, das mir von dem Lackhut geblieben war.
Wir fuhren in einem Einspänner heim, das Fräulein saß uns gegenüber, ihre Hände zitterten, und sie sprach kein Wort.

Luise saß an meinem Bett.
Der Arzt war da gewesen und hatte gesagt, ich hätte keinen

Schaden genommen, nicht einmal eine Abschürfung auf den Knien.
»Du kannst Gott danken«, sagte der Arzt streng, »daß du nur mit dem Schrecken davon gekommen bist!«
Als er weggegangen war, sagte Luise: »Du tust überhaupt nicht zittern, unser Herr Doktor haben aber schön gezittert, wann er dich hergebracht hat, und das Fräulein hat weißes Gesicht gehabt wie neuer Kalk, und bös sind sie auch auf dich, weil wie kann vielgelerntes, großes Mädel junges Kinderleben hinwerfen wegen blöde Hut – also dreimal so viel beten tät ich heute, wenn ich du sein möchte ...«
Sie strich mir über die Stirne, schloß mir die Augen mit ihrer Hand und schob mir das kleine Stück Lackhut unter das Polster.
Dreimal so viel beten ... Ich konnte viele Gebete sagen und viele Lieder singen, ich betete jeden Abend, aber an diesem Abend war es schwer.
Ich begann mit dem Lied, das ich von klein auf gewöhnt war:
»Müde bin ich, geh zur Ruh«, als es dann aber zur zweiten Strophe kam: Hab ich Unrecht heut getan, / Sieh es lieber Gott nicht an – hörte ich auf.
Dann fing ich an, ein andres herzusagen:
»Es muß ein treues Herze sein, / Das uns so hoch kann lieben, / Da wir doch alle, groß und klein, / Was gar nicht gut ist, üben ...«
Da wurde ich ängstlich und bei der Strophe: »Gott weiß wohl, wer ihm hold und treu, / Und solchen steht er dann auch bei, / Wenn ihn die Angst umtreibet« – tat mir der Hals so weh, daß ich aufhören mußte und nichts mehr sagen konnte, obwohl ich vorgehabt hatte, als drittes alle sieben Strophen herzusagen von dem Lied: »Du Herr der Seraphinen, / Dem alle Engel dienen / Und zu Gebote stehn.«
Ich hatte, während ich betete, im Bett gekniet, nun legte ich mich zurück in die Polster und mußte nachdenken.
Was war das mit dem Hut gewesen? War das ein Unrecht, war das das, was gar nicht gut ist, war Gott vielleicht auch böse auf mich?
Gott war fast niemals böse auf mich, er wußte immer, was ich getan und wie ich es gemeint hatte, man brauchte ihm

nicht viel zu erklären. Nur wenn es ans Lügen ging, da verstand er keinen Spaß, und darum mußte ich mich von früh auf in Wahrhaftigkeit üben. Gott erfüllte mir viele Wünsche, er half mir in der Schule, er behütete mich auf der Straße, auf Wegen und Pfaden, er beschützte mich vor den Erwachsenen. Er war der Einzige, vor dem ich niemals Angst hatte.

Wie war das mit dem Hut? Ich war zornig gewesen – ich wußte nicht mehr, weshalb –, ich hatte meinen liebsten Hut nicht festgehalten, ich mußte ihn retten, und dann hat mich Gott gerettet vor dem Wagenrad. Gott war also nicht böse auf mich gewesen.

Ich sah das Rad ganz nah von mir, ich hörte das Zerbrechen des Hutes, und da durchschnitt mich plötzlich ein Schmerz, der war brennend und laut. Ich erschrak, setzte mich auf und wartete. Ich spürte einen dumpfen Stoß und einen raschen Griff, dann zog sich alles zusammen in mir vom Herzen bis in die Knie, die ich mit den Händen an mich gepreßt hielt. Dann wurde es wieder still, aber bald kam der feurige Schmerz wieder und brannte wie eine Wunde. Die Lippen taten mir weh, so fest mußte ich sie aufeinander pressen, um nicht zu schreien, um Luise nicht zu wecken.

Ich streckte die Knie vorsichtig aus, betastete mich mit beiden Händen und konnte keine Wunde finden, und kein einziger Tropfen Blut klebte an meinen Fingern.

Ich lag da, wagte mich nicht zu rühren und hörte und sah die zwei auf mich zukommen, den dumpfen Stoß und den feurigen Blitz. Ich wartete, und sie kamen immer seltener, bis der Blitz nicht mehr einschlug, der Stoß und Griff so schwach wurden, daß sie mich nicht mehr zusammenziehen konnten.

Ich verstand nicht, was da geschehen war, ich wunderte mich und darüber schlief ich ein.

Ich sagte Luise nichts davon, aber ich wollte nichts essen am nächsten Tag.

Das Fräulein war erst am Nachmittag mit vielen Paketen gekommen, die noch alle verpackt werden mußten. Sie war freundlich und still wie immer. Sie sagte, sie müsse schon vor dem Nachtmahl nach Hause gehen, sie habe eigene Vorbereitungen für die Reise zu treffen.

»Übermorgen in aller Frühe geht unser Zug«, sagte sie, »da wird es vorher noch viel zu tun geben!«
Das Telephon läutete, Onki rief an. Ich war gerade dabei, das Einsiedeglas herzurichten, in dem der Frosch und die Eidechsen aufs Land transportiert werden sollten, ich rief, ich könne nicht ans Telephon kommen, und das Fräulein sagte dem Onki, es gehe mir gut, es sei alles in Ordnung.
Am Abend gab es Kaiserschmarrn.
»Also die Teppich sind alle eingerollt, Vorhäng alle unten mit Decken, Pölster, Duchent in Kästen«, sagte Luise, »riecht alles schön nach Kampfer und Naphtalin, wohin man schmeckt, daß Motte keine Freud hat an Hineinbeißen und Löcher zu fransen, Koffer fertig, nur so paar kleinste Kleinigkeiten übrig für letzte Moment und allerletztes Ende und jetzt tät es Kaiserschmarrn geben, damit unser Kind was essen möcht.«
Die Babinka blieb draußen in der Küche, Luise setzte sich zu mir herein an den Tisch und schob mir die Gabel mit kleinen Stücken in den Mund.
»Wie mit Burgis Onkel«, sagte ich, die Luise wurde rot, und dann lachten wir beide.
Beim fünften Bissen verkutzte ich mich, ich hustete und hustete und mußte ausspucken, was ich gegessen hatte. Dann schlug der feurige Blitz in mich ein, der Stoß folgte, es zog mich zusammen, es stieß sich in mir, die Blitze zerschnitten mich, ich warf mich auf den großen, eingerollten Teppich auf dem Boden und schrie und schrie und schrie . . .
Ich hörte alles, was um mich geschah, obgleich die Schmerzen immer lauter wurden und ich nicht mehr wußte, ob *ich* schrie oder die Schmerzen schrien.
Babinka kniete neben mir auf dem Boden, rang die Hände und schluchzte: »Jeschischmaria, oohhh böse Tod, oohh sterben, sterben oohhhh . . .«
Luise telephonierte, und der Arzt kam.
Luise telephonierte, und der Onki kam.
Der Arzt hob mich vom Teppich auf, an den ich mich klammerte und trug mich aufs Bett, betastete mich, preßte die Finger an eine Stelle, da schrie ich so sehr, daß Luise dem Arzt die Hand wegriß und rief: »Herr Doktor, Sie tun dem armen Kind ja noch weher!«
Der Arzt telephonierte, und Onki telephonierte.

Sie trugen mich in den Lift, und vor der Haustüre stand ein Auto. Ich lag quer über dem Onki und der Luise, ihnen gegenüber saß der Arzt und sagte zu Onki: »Was für ein Glück, daß Ihr Freund ein so schnelles Auto besitzt!«
Luise hielt mir die Hände, und Onki hielt meinen Kopf im Arm, ich schrie nicht mehr, weil ich immerzu denken mußte: »Zwölf Blitze noch, beim dreizehnten muß ich sterben!«
Aber dann konnte ich garnicht mehr zählen, die Blitze kamen immer wieder, immer wieder, bis ich in einem riesigen Saal auf einem Tisch lag, weiße Gestalten sich über mich beugten und ein Sieb sich über mein Gesicht senkte.
Die Schmerzen wurden geringer, sie tönten wie ein Gewitter, das weit in die Ferne gezogen war.
Ich spürte einen scharfen Geruch, stärker als der des Kampfers im Teppich, ein kalter Dunst legte sich über mein Gesicht, das Herz klopfte in meinem Kopf, und Tropfen klopften auf das Sieb. Eine Stimme befahl: »Zählen: eins – zwei – drei . . .«
Ich zählte: »Eins – zwei – drei – vier – fünf –«, und jede Zahl, die aus meinem Mund stieg, drehte sich im Kreis, flog ins Sieb, schwebte durch das Sieb – verschwand . . .

Als ich aufwachte, war es sehr hell.
Alles um mich war weiß, und eine Gestalt mit weißen Flügeln stand an meinem Bett.
Über dem Bett schwebte eine Wolke, sie roch nach dem Benzin, mit dem Luise die Glacéhandschuhe meiner Mutter putzte.
Erst in der Nacht wurde ich ganz wach.
Neben meinem Bett in einem Lehnstuhl, saß eine Nonne, ihre Flügelhaube war so steif, daß sie sich nicht zurücklehnen konnte.
Sie hatte dunkle Augen in einem weißen Gesicht.
»Ich bin Schwester Apollonia«, sagte sie, »ich bleibe die ganze Nacht bei dir!«
Ich spürte ein leises Ziehen und Brennen, keine Blitze mehr, keinen Stoß, Schwester Apollonia wird mich beschützen.
»Werde ich sterben?« fragte ich.
»Du wirst nicht sterben«, sagte Schwester Apollonia, »die Gefahr ist vorbei, der böse Blinddarm ist weg!«

Um mein Bett war ein weißes Zimmer. Die Wolke über dem Bett war verschwunden, das Fenster stand offen, ich hörte das Blätterrauschen großer Bäume.
»Ich sterbe gern«, sagte ich, »ich weiß, wie das Sterben ist!«
Die Augen der Schwester wurden groß und ganz schwarz: »Was sagst du da?« flüsterte sie, »was sagst du da?«
»Das ist so«, erklärte ich, »zuerst kommt der Tod und dann der Engel und dann der Himmel!«
Die Schwester sagte: »Sprich nicht vom Tod. Gott sei ihren armen Seelen gnädig!« Sie begann leise zu beten, und ich verstand nur die letzten Worte: »... jetzt und in der Stunde unseres Absterbens, Amen.«
Wer sind die armen Seelen? Warum sollte ich nicht vom Tod sprechen, sie war doch eine Nonne, sie konnte sich doch vorm Tod nicht fürchten?
Ich wollte ihr sagen, daß der Tod kein Gerippe ist, daß er Augen hat in einem weißen Gesicht, daß seine Hände warm sind, daß er nicht unfreundlich ist, obwohl er sein ganzes Leben nichts andres zu tun hat, als Leute abzuholen, die ihm ungern folgen.
Aber ich sagte ihr nichts davon.
Sie hatte ihre Hand auf meine Stirne gelegt, ihre Hände zitterten.
»Du hast kein Fieber«, sagte sie.
Ich schwieg und dachte nach. Ich hatte mir das Sterben oft vorgestellt, ich sah den Tod in einem schwarzen Mantel mit einer Kapuze, er führte mich an der Hand über eine Wiese, auf der blühten blaue Kornblumen und rote Mohnblumen, und am Ende der Wiese stand der Engel, der mich das Lufttreten lehrte, zuerst in der unsichtbaren, dünnen Luft, dann oben in der dicken, weißen Wolkenluft, und dann war ich im Himmel und bei Gott.
Es war immer das gleiche, nur gestern war es anders gewesen, ganz ungewohnt.
Vielleicht hatten die Blitze den Tod vertrieben, er hatte gestern nicht neben meinem Bett gestanden, und kein Engel erwartete mich am Ende der Wiese. Die Wiese hatte ich gesehen, aber auch sie war ganz anders gewesen, und Maiglöckchen blühten auf ihr.
Ich hob den Kopf, er war so schwer geworden, daß er wieder zurückfiel auf die Polster.

Aber ich hatte einen Augenblick lang einen Tisch gesehen, und auf dem Tisch – was stand auf dem Tisch?
Ich wollte mich bewegen, aber das tat weh in der rechten Seite.
»Du sollst schlafen«, sagte Schwester Apollonia.
»Ich kann nicht einschlafen«, sagte ich, »wenn ich nicht weiß, was auf dem Tisch steht!«
»Wenn du ganz ruhig liegen bleibst«, sagte die Schwester, »dann will ich's dir zeigen.«
Sie stand auf, ging zu dem Tisch und brachte mir ein rotes Blumenglas, in dem waren Vergißmeinnicht.
»Von deiner Mama«, sagte die Schwester, »und hier ist ein Telegramm, sie will in zwei Tagen bei dir sein.«
Sie stellte die Blumen wieder zurück und sagte leise vor sich hin: »Wenn sie das Schiff erreicht – wenn die Bahnen gehen...«
Sie hatte es sehr leise gesagt, aber ich hatte es gehört.
Ich wollte mich aufsetzen, aber da stach es mich wieder in der rechten Seite.
»Warum soll Mama das Schiff nicht erreichen?« fragte ich.
Die Schwester wandte sich ab, so daß ich ihr Gesicht nicht sehen konnte.
»Sie wird das Schiff erreichen«, sagte sie, »mit Gottes Hilfe!«
Sie beugte sich über mich, ich sah, daß sie Tränen in den Augen hatte.
Warum weint sie, dachte ich, Nonnen weinen doch nicht?
»Schlafen, schlafen«, sagte Schwester Apollonia.
Sie strich mir über die Augen, wie es Luise immer tat.
Ihre Hand roch nach Seife und Weihrauch.

XIX Die Herzogin

Onki kam zu Besuch.
Er brachte ein Spiel mit, packte es aus und baute es auf dem Krankentisch auf, der quer über meinem Bett stand.
Auf dem gelben Pappendeckel des Spieles war ein Kirschgarten gemalt, Buben saßen in den Bäumen und pflückten

Kirschen, Mädchen sammelten sie in Körbe unter den Bäumen.
In der Mitte des Spieles stand der größte Kirschbaum, an den war eine Leiter gelehnt mit zwanzig Sprossen, und in den Zweigen des Baumes auf der zwölften Sprosse neben der Zahl zweiundfünfzig stand ein dicker, häßlicher Bube und grinste.
Auf dem Weg von Baum zu Baum und von Korb zu Korb gab es manche Hindernisse, es gab Körbe, bei denen man stehenbleiben mußte, wenn man die falsche Zahl gewürfelt hatte, oder man mußte gar von Baum zu Baum zurückspringen. War aber alles überwunden, kam zuletzt die Leiter.
Im Kirschbaum, auf der letzten Sprosse der Leiter stand die Zahl sechzig in kirschroten Farben gemalt.
Ich erreichte die sechzig einige Male, und Onki gewann auch.
Dann kam das Fräulein und spielte mit.
Sie kam zwischen den Bäumen der Buben und den Körben der Mädchen gut vorwärts bis zu der Leiter. Auch die Leiter stieg sie rasch hinauf, aber dann konnte sie die sechzig nicht erreichen. Zuletzt stand ihr Stein auf sechsundfünfzig, vier Sprossen noch – da würfelte sie elf, stieg die vier Sprossen hinauf, purzelte sieben hinunter, ihr Stein kam vor den Buben zu liegen, der höhnisch auf ihn herabgrinste.
»Ich kann das Ziel nicht erreichen«, klagte das Fräulein.
»Sie müssen es immer wieder versuchen«, sagte Onki, der unten zwischen den Körben spazierte und die Leiter noch garnicht erreicht hatte.
Mein Stein stand auf zweiundfünfzig, verdeckte zur Hälfte den Buben, vor allem sein grinsendes Gesicht. Ich würfelte, ein Würfel zeigte fünf, der andere drei, mein Stein sprang auf die sechzig, ich hatte wieder gewonnen, das Spiel war aus.

Die Luise kam zu Besuch.
Sie trug eine große braune Tasche, die einmal der Mama gehört und die sie der Luise geschenkt hatte.
Die Luise knipste den metallenen Bügel der Tasche auf und nahm ein Paket heraus. Aus dem Paket wickelte sie ein Stück Fleisch.
»Hab ich Stückel Hendel mitgebracht, weiß und ohne

Knöcheln«, sagte sie, »weil im Spital ist immer so: Krankes tut schlechtes Essen kriegen und so wenig, daß es vor Hunger schreien möchte.«

»Ich kriege gut zu essen«, sagte ich, »Hendeln, Forellen, Püree, alles, was ich gern habe und wenig genug davon, das ist mir gerade recht.«

»Seh ich schon, wie du als eine Krischpindel zuhaus kommst, leicht wie eine Feder und garnicht zugerüstet für böse Zeiten.«

»Was für böse Zeiten«, fragte ich.

»Könnte immer was kommen«, sagte Luise und packte das Fleisch wieder ein. Nun holte sie ein längliches Paket aus der Tasche, legte es vor mich auf den Tisch, wickelte es vorsichtig aus dem Papier und hob einen Strauß bunter kleiner Strohblumen vor meine Augen.

»Hab ich extra ausgesucht, was nicht riechen tut«, sagte Luise, »weil darf keine Blume riechen in Krankenzimmer und darf auch keine Blattgrüne sein, weil möchten vielleicht Läuse auf ihr herumkriechen!«

Ich bedankte mich für die schönen, bunten, raschelnden Strohblumen.

»Ja«, sagte ich, »die Vergißmeinnicht von der Mama, die haben auch in der Nacht im Zimmer bleiben dürfen, aber die Nelken vom Onki und die Veilchen vom Fräulein, die trägt die Schwester jeden Abend fort.«

Nun holte die Luise ein drittes Paket aus der Tasche, darin war ein kleiner, vergoldeter Porzellanbecher, in den tat sie die Strohblumen.

»Milch könntest du auch aus diese goldene Krügel trinken«, sagte sie.

»Das stell ich auf meine Kommode«, sagte ich und dann fragte ich sie: »Luise, wann fahren wir nach Ischl?«

»Weiß ich nicht«, sagte Luise, »weiß nur Gnädige.«

»Wo ist die Mama?« fragte ich, »in zwei Tagen hat sie hier sein wollen. Es sind schon viel mehr als zwei Tage, warum ist sie noch nicht hier? Wo ist sie?«

»Auf Reise«, sagte Luise, »ist eine lange Reise.«

»Luise?« fragte ich, »ist der Mama etwas geschehen?«

»Nein, ihr nicht, nein, o nein«, rief Luise, »o du liebes Kind sei bewahrt, unsrer Gnädigen ist nichts geschehen, garnichts ihr.«

Am nächsten Nachmittag kam die Mama.

Sie trug ein schwarzes Kostüm, sie hatte einen dunklen Hut auf, nur der Schleier, die Spitzenbluse und die Glacéhandschuhe waren weiß. Sie umarmte, küßte mich und fragte, ob ich noch Schmerzen habe. Sie setzte sich in den Lehnstuhl, in dem die Nachtschwester gesessen hatte in der ersten Nacht.

Mama zog die Handschuhe aus und knüpfte den Schleier auf, nahm ihn ab.

»Ich konnte nicht früher zurückkommen, es ging alles viel langsamer, als ich dachte«, sagte sie, »das hing ja auch mit dem großen Unglück zusammen. Ich hatte es in Brioni erfahren, wir mußten auf den Dampfer nach Pola warten und dann wieder auf den Dampfer nach Triest. Als unser Schiff in Triest ankam, da lag dort der große Kreuzer ›Viribus Unitis‹ im Hafen, der hatte die zwei Särge heimgebracht.«

»Die zwei Särge –?« sagte ich.

»Ja, die zwei Särge«, sagte Mama, »die hatten einen weiten Weg: von Sarajewo mit der Bahn, mit der Jacht auf dem Narentofluß hinaus ins Meer zur ›Viribus Unitis‹, übers Meer nach Triest. Dann fuhr der Leichenzug nach Wien, dort hat man sie in der Hofburgkapelle aufgebahrt und heute begrub man sie in der Gruft ihres Schlosses an der Donau.«

Ich setzte mich auf, es stach und brannte wieder in der rechten Seite.

»Mama«, rief ich, »ich bitte dich, *du* mußt es mir sagen: wer sind sie, was ist geschehen?«

Mama, die die Reise der Särge mit ruhiger Stimme erzählt hatte, fuhr zusammen und saß nun so steif und aufrecht da, wie Schwester Apollonia in jener ersten Nacht neben mir gesessen hatte.

Mama sagte: »Du weißt nicht, was geschehen ist? Um Gotteswillen, hat dir das niemand gesagt?«

»Nein, Mama«, sagte ich, »ich weiß schon lange, daß sie ein Geheimnis vor mir haben, alle: die Nonnen, der Onki, das Fräulein, die Luise – aber sie sagen mir nichts, garnichts!«

»Sie haben dir also nichts gesagt«, sagte Mama, »du bist doch kein kleines Kind mehr!«

Mama legte die Hände auf die Lehnen des Stuhles, als wollte sie sich festhalten.

»Sie haben es dir nicht gesagt, weil du sehr krank warst«, sagte Mama.
»Sie sagen mir vieles nicht«, sagte ich heftig, »auch wenn ich nicht krank bin, auch wenn ich ganz gesund bin.«
»Das ist schwer für mich«, sagte Mama, »das ist schwer...«
»Es ist ein großes Unglück geschehen?« fragte ich.
»Ein großes Unglück«, sagte Mama, »und man kann noch garnicht ermessen...«
Sie schwieg und dachte nach.
»Du weißt doch«, begann sie, »wer Erzherzog Franz Ferdinand war?«
»Ja«, sagte ich, »das ist unser Thronfolger.«
»Nun höre mir zu«, sagte Mama, »ich will dir sagen, wie das Unglück geschehen ist.« Sie sprach ganz langsam, und die Worte lagen wie Pflastersteine auf der Straße des Unglücks.
»Höre mir zu«, sagte sie wieder, »es war so: der Thronfolger mußte nach Bosnien zu den Manövern. Dort warteten die Verschwörer auf ihn. Er wurde gewarnt, die Leute, die ihn beschützen sollten, wurden gewarnt. Sie hörten nicht auf die Warnungen. Sie haben ihn nicht beschützt. Die Verschwörer konnten ihn erschießen, er ist ermordet worden. Nun möge Gott uns beschützen, uns alle!«
»Und die Herzogin?« fragte ich verzweifelt, »hat sie ihm nicht sagen können, er solle nicht auf die Reise gehen, hat sie ihn nicht beschützen können? Und jetzt – was ist mir ihr, was sagt sie?«
»Sie sagt nichts mehr«, antwortete die Mama, »sie ist mit ihm auf die Reise gegangen, sie ist neben ihm im Wagen gesessen, sie ist mit ihm ermordet worden!«
»Die Herzogin ist tot«, sagte ich und legte mich zurück in die Polster. In meinem Kopf brach eine große Hitze aus, die tat mir in den Augen weh, aber ich konnte nicht weinen.
Mama legte ihre Hand auf meine Stirne und sagte: »Ich muß der Schwester läuten, ich fürchte, du hast Fieber!«

Schwester Apollonia saß drei Nächte lang an meinem Bett, es brauchte eine Woche, bis das Fieber vertrieben war und noch eine Woche, bis ich stehen und gehen konnte und noch eine Woche, bis ich nach Hause durfte. Onki holte mich ab.
»Wo ist das Fräulein?« fragte ich.

»Sie mußte verreisen«, sagte Onki.

Wir fuhren in demselben Auto, in dem wir gekommen waren.

Es waren fremde Geräusche in der Stadt, aber ich wollte den Onki nichts fragen.

Vor unserm Haustor stand Luise und wartete auf uns.

Onki half mir aus dem Wagen, Luise nahm meinen Koffer.

Der dicke Hausmeister hielt die Türen weit offen für uns und sagte: »Bald wird es losgehen, dann werden wirs ihnen zeigen!« Er salutierte, und dabei fiel ihm die schwere eiserne Türe ins Schloß, und er mußte sie wieder aufsperren, um uns in den Lift zu lassen.

Onki wollte sich von uns verabschieden, da sagte die Luise hastig: »Die Gnädige Frau möchten den Herrn Doktor fragen lassen, ob Herr Doktor vielleicht hinaufkommen könnten auf kleine Moment!«

Onki blieb einen Augenblick stehen, dann stieg er in den Lift ein und setzte sich neben mich.

Beim Hinauffahren wurde mir schwindlig, wie es mir niemals auf der Schaukel oder auf der Railway im Prater geworden war. Ich hielt mich an Onkis Hand fest, aber ich wagte nicht, ihm Fragen zu stellen. Es schien mir eine lange Fahrt zu sein, bis wir oben waren, bis wir vor der Wohnungstüre standen, bis Babinka öffnete.

Babinka weinte, als sie mich sah, half dem Onki aus dem Mantel, nahm ihm Stock und Hut ab. Onki ging mit mir zu der Türe des Salons und klopfte an.

Mama rief: »Herein!«, wir traten ein, Mama umarmte, küßte mich und sagte: »Du zitterst ja.«

Ich konnte kein Wort sagen, ich senkte die Augen und traute mich nicht, die Mama anzusehen und traute mich nicht, den Onki anzusehen.

Mama sagte: »Steht es schlimm?«

Onki sagte: »Jeden Augenblick kann die Erklärung kommen!«

Mama sagte: »Sollen wir nach Ischl reisen – trotzdem?«

Onki sagte: »Warte noch ein paar Tage ab, bis die Entscheidung gefallen ist!«

Mama sagte zu mir: »In deinem Zimmer wartet eine große Überraschung auf dich!«

Ich ging langsam aus dem Zimmer und als ich die Türe des

Salons hinter mir geschlossen hatte, blieb ich hinter der geschlossenen Türe stehen.

Ich hörte Onki sagen: »Wir haben uns sehr lange nicht mehr gesehen.« Dann hörte ich nichts mehr, bis Onki sagte: »Wie schön du bist!«

Ich hörte Mama lachen und sagen: »Noch immer?«

Da kam Luise aus der Küche und nahm mich mit in mein Zimmer.

Als sie die Türe zu meinem Zimmer öffnete, sah ich, daß der Korbstuhl der Madeleine nicht mehr leer dastand.

Ich lief auf den Korbstuhl zu.

Madeleine hatte mir den Rücken zugewendet, ich kniete mich vor sie hin, legte meinen Kopf in ihren Schoß, ich streichelte ihre Schuhe, ihre Kleider.

Endlich hob ich den Kopf und dann erst sah ich ihr Gesicht.

Als ich das Gesicht sah, kroch ich von ihr fort und kauerte mich auf den zusammengerollten Teppich.

Luise sagte: »So viel schöner tät sie sein, so viel schöner – die allerschönste Puppen ist sie jetzt, was ich kenn!«

Da waren die Schuhe der Madeleine, ihre Kleider, ihr Körper, ihr wächserner Duft, aber aus ihren Schultern war ein fremder Kopf gewachsen. Die blonden Haare waren kurz und ohne Locken, sie sah mich mit blauen Augen an, ihre rosa Backen und die weißen Zähne glänzten, und ihr roter Mund grinste wie der des Buben im Kirschbaum.

»Nimm sie weg«, sagte ich zu Luise, »nimm sie weg, ich will sie nicht sehen!«

»Aber Kind«, sagte Luise, »ist neue Kopf so schön, tausend Mal so schön als wie alte Wachs...«

»Nimm sie weg«, schrie ich, »ich zerschlag ihr den Kopf.«

Luise riß sie vom Stuhl weg, hielt sie in den Armen und rief: »Nicht bös sein, nicht zornig, deine Wunde möchte aufgehen!«

»Was macht das«, schrie ich und ballte die Fäuste, »trag sie fort – fort – fort – fort!«

Die Türe ging auf, Mama und Onki kamen in mein Zimmer.

Mama war sehr blaß, aber sie fragte mich freundlich: »Ist sie nicht schön, die Madeleine?«

Ich saß noch immer auf der Teppichrolle und konnte nicht aufstehen.

»Das ist nicht Madeleine!« sagte ich.

»Gefällt sie dir nicht?« sagte Onki.
»Verzeih mir«, sagte ich leise, »ich weiß nicht – ich will sie nicht mehr – ich weiß nicht – ich mag keine Puppen mehr...«
Onki beugte sich über mich, hob mich auf, trug mich zu dem Diwan, auf dem Madeleine immer gelegen hatte.
Er legte mich hin und küßte mich auf beide Wangen.
»Ich weiß«, flüsterte er mir ins Ohr, »ich weiß es!«
Er küßte der Mama die Hand, er ging aus dem Zimmer.
Mama setzte sich auf den Sessel vor meinen Schreibtisch mir zu Häupten.
Wir hörten die Geräusche aus dem Vorzimmer, leises Sprechen, die Kette an der Wohnungstüre klirrte, die Türe wurde aufgesperrt, die Türe fiel ins Schloß.
Es war ganz still im Zimmer.
Mama schwieg eine lange Zeit, dann sagte sie: »Er wird nie mehr wieder kommen!«
Ich setzte mich auf und hob die Hände: »Nein«, sagte ich, »bitte nein!«
Mama sprach ganz ruhig: »Er wird immer für dich sorgen, er wird immer für dich da sein!«
In diesem Augenblick wußte ich, ich mußte fragen, ich mußte es wissen, alles zu Ende wissen und ich wußte, ich würde Antwort bekommen. Ich zitterte, als ich die erste Frage stellte.
»Warum?« fragte ich, »warum habt ihr nicht geheiratet, du und der Onki?«
Mama legte die Arme auf meinen Schreibtisch und bettete ihren Kopf in ihre Hände.
»Ich war schuld«, antwortete sie und begann zu weinen.
»Ich war schuld«, wiederholte sie immer wieder und weinte bitterlich.
Ich fragte: »Will er dich nicht mehr heiraten?«
»Nein«, antwortete sie, »es ist zu spät!«
Ich mußte ans Ende kommen, ich mußte die letzte Frage tun: »Wird er das Fräulein heiraten?«
Mamas Schultern bewegten sich, als würde sie geschüttelt und gerüttelt. »Vielleicht wird er sie heiraten«, schluchzte sie. »Ich will es nicht wissen, ich will es nicht wissen.«
Plötzlich hörte sie auf zu weinen, sie hob den Kopf, legte die Hände in den Schoß und sagte vor sich hin: »Wat vörn

schöön Vogel bün ik – ach – wat vörn schöön Vogel bün ik ...«
Ich nahm ihr das Taschentuch aus der Hand, gab ihr mein trockenes und dann sagte ich auf:
> Mein Schwester der Marlenichen,
> sucht alle meine Benichen,
> bindt sie in ein seiden Tuch,
> legts unter den Machandelbaum ...

Mama sagte: »Kiwitt, kiwitt, wat vörn schöön Vogel bün ik«, und versuchte zu lächeln.

Am nächsten Tag kam der große Lärm über uns.
Alle vier Fenster standen weit offen.
Luise hatte gesagt, ich dürfte bei keinem der Fenster hinausschauen, eine verirrte Kugel könnte mich treffen, das wäre in den beiden Türkenkriegen auch so gewesen.
Ein fremdes Lärmen zog durch die Fenster in mein Zimmer ein: Rufe, Schreien, Stampfen, Singen ...
Aber das war kein Singen wie zu Kaisers Geburtstag, das war kein Lärm wie im Prater.
Ich hörte das gleichmäßige, dumpfe Stampfen vieler Füße auf dem Steinpflaster, ich hörte tiefe und hohe Stimmen böse drohen: »Gott erhalte, Gott beschütze unsern Kaiser, unser Land ...«
Lieber Gott, was werden sie dir tun, wenn du die nicht erhältst, wenn du die nicht beschützt? Was werden sie dir tun?
Immer drohender wurde ihr Gesang, dann hörte das Singen auf, und die Musik spielte den Radetzkymarsch.
Der klang nicht mehr so furchterregend, und nach dem Marsch begannen sie das Lied vom Prinzen Eugenius zu singen:
> Prinz Eugenius, der edle Ritter,
> wollt dem Kaiser wiedrum kriegen
> Stadt und Festung Belgerad ...

Und als sie die vielen andern Strophen des vertrauten Liedes sangen, begann ich mitzusingen:
> Ihr Konstabler auf der Schanzen,
> spielet auf zu diesem Tanzen
> mit Kartaunen groß und klein,
> mit den großen, mit den kleinen
> auf die Türken, auf die Heiden,
> daß sie laufen all davon!

Und erst, als der Prinz Ludewig seinen Geist und junges Leben aufgeben mußte und: »Prinz Eugenius war sehr betrübet, weil er ihn so sehr geliebt«, wurde ich wieder ängstlich und traurig.
Ich hatte nicht bemerkt, daß Babinka ins Zimmer gekommen war.
Babinka sagte: »Möcht ich dürfen Fenster alle zumachen!«
»Eine Kugel kann dich treffen«, sagte ich.
»Macht nix«, sagte Babinka, »hab ich sechs Brüder, gesund und alt für Militär, müssen alle nach Belgrad.«
Sie schloß das Fenster, eins nach dem andern, die äußeren und die inneren. Nachdem sie die Fenster alle geschlossen hatte, stand sie so still da, wie einst im Schlafsaal, als sie für Gabriele Wache gehalten hatte. Ihre Wangen waren rot und glänzend, ihre Augen blitzten.
»Du hast keine Angst, Ruzicka«, sagte ich.
»Keine«, sagte sie, »werden wir alle sterben müssen!«
Sie ging fort und ließ mich allein.
Luise kochte in der Küche.
Die Mama war ausgegangen.
Das Telephon läutete nicht.
Im Zimmer war es still.
Die Puppen waren verschwunden, Luise hatte sie auf den Dachboden getragen und verpackt.
»Die werden schon wieder zurückkommen«, hatte sie gesagt, »so groß und alt auf einmal braucht man nicht sein!«
Den Korbsessel der Madeleine hatte sie stehen lassen, der Eisbär saß darauf und sah nach dem Frosch und den Eidechsen.
Im Puppenhaus schlief alles.
Ich ging zur Kommode.
Luise hatte Schachteln und einen Puppenkoffer auf die Kommode gestellt, dazwischen hatte sie weißes und schwarzes Seidenpapier aufeinander geschichtet.
»Weil dir keiner nichts anrühren darf«, hatte sie gesagt, »mußt du alles alleinig einpacken in Schachtel und Koffer. Was ist Porzellan in weißes Seidenpapier hüllen, was ist Gold und Silber in schwarzes und aufpassen auf Zerbrechlichkeit.«

Auf dem Gestell über der Kommode standen sie alle: die Meranerin, die jodeln konnte, der Bosniak, der mit dem

Kopf nickte, die Ungarn, die ihren Czardas tanzten, der Hirtenknabe, der die Flöte blies, die blaue Katze aus Kopenhagen, die mit der Glaskugel Ball spielte, der Osterhase, der die goldenen Eier ausbrütete, das Aschenbrödel, das die Tauben fütterte, das Liebespaar auf der Bank, das sich liebte, die Tänzerin, die das Bein schwang – alle waren sie da, und jeder tat, was er tun mußte.

In ihrer Mitte stand das Kästchen, durch seine goldenen Spitzenwände sah ich die rote Seide schimmern.

Ich hob das Kästchen auf, ich legte es in meine Hand, ich sah das Bild an, ich schaute in das Gesicht der Herzogin. Ich öffnete den Deckel, ich nahm die zwei allerkleinsten Zwirnspulen und den goldenen Fingerhut heraus, aber als ich nach der winzigen Schere griff, stach sie mich in den Finger.

Kleine Tropfen Blutes tropften aus meinem gestochenen Finger in das Kästchen.

Ich rief nicht nach Luise.

Ich stellte das Kästchen zurück auf seinen Platz, ich zog eine Schublade der Kommode auf, darin lag Leinen, dunkelbraune Watte, Verbandstoff, rosa und schwarzes Heftpflaster, eine Schere zum steten Gebrauch.

Ich zupfte an der Watte, wie es Luise immer tat, ich hielt die Eisenwatte an den Finger, bis kein Blutstropfen mehr kam.

Ich nahm das rosa Heftpflaster, schnitt ein Stück davon ab und klebte es über die Fingerspitze.

Dann sah ich das schwarze Heftpflaster an, schnitt ein Stück davon aus, legte es mir auf die Zunge bis es ganz feucht war.

Ich klebte das schwarze Stück auf den Deckel des Kästchens, das Bild verschwand, das Gesicht war nicht mehr da.

In das leere Kästchen tat ich aus dem Becher, den mir Luise geschenkt hatte, drei der kleinen Strohblumen.

Ich schob das Kästchen ganz nach rechts an den Rand der Etagere und sagte zu den Personen und Tieren: »Die Herzogin ist tot!«

Als ich das ausgesprochen hatte, sah ich, daß das Kästchen sich in einen goldenen Sarg mit einer schwarzen Decke verwandelt hatte, und die Personen und Tiere ordneten sich zu einem Leichenzug hinter dem Sarg.

Ich verstand wohl, daß die Meranerin nicht jodeln wollte, der Bosniak nicht mehr mit dem Kopf nickte, die Ungarn

nicht mehr tanzten, der Hirtenknabe nicht die Flöte blies, die blaue Katze den Glasball fest in den Pfoten hielt und nicht mehr damit spielte – nicht spielte, nicht spielte...
Mit einem Schlag wußte ich, daß es lauter Stumme waren, die hinter dem Kästchen aufgereiht standen, daß sie keinen Ton von sich geben konnten und keine Bewegung in ihnen war.
Ich nahm sie, eine nach der andern, fort, ich packte die Figuren ein, die einen in weißes Papier, die andern in schwarzes und legte sie in die Schachteln.
Zuletzt nahm ich das Kästchen in beide Hände und beugte mich darüber, es roch nach Lavendel, süßem Leim und dem Staub der Strohblumen.
Ich hüllte es in schwarzes Seidenpapier und tat es in den Puppenkoffer, daneben legte ich die Zwirnspulen, den Fingerhut, die Schere. Es war alles anders – aber ich wollte niemanden mehr fragen, ich wollte keine Antwort mehr wissen, ich hatte alles zu Ende gefragt.
Ich ging zum Fenster, ich öffnete es, ich beugte mich hinaus, ich fürchtete keine Kugel mehr, ich sah sie, wie sie sich unten auf der Straße bewegten, marschierten, ich hörte sie schreien, rufen und singen und durch das offene Fenster brauste der große, fremde Lärm in mein Zimmer.

Alice Herdan-Zuckmayer

Das Kästchen
Die Geheimnisse einer Kindheit
248 Seiten. Geb. Fischer Bibliothek
Fischer Taschenbuch Band 733

Das Scheusal
Die Geschichte einer sonderbaren Erbschaft
200 Seiten. Geb. Fischer Bibliothek
Fischer Taschenbuch Band 1528

Die Farm in den grünen Bergen
Die Erlebnisse der Familie Zuckmayer auf der
Backwoodsfarm im amerikanischen Staat Vermont
während der Emigration.
320 Seiten. Geb. Fischer Bibliothek
Fischer Taschenbuch Band 142

Genies sind im Lehrplan nicht vorgesehen
Biographie und Autobiographie
288 Seiten und 12 Abb. Leinen. S. Fischer
Fischer Taschenbuch Band 5092

**S. Fischer
Fischer Taschenbuch Verlag**

Fischer Bibliothek

Ilse Aichinger
Die größere Hoffnung
Roman

Rose Ausländer
Mein Atem heißt jetzt
Gedichte

Herman Bang
Sommerfreuden
Roman

Albert Camus
Der Fremde
Erzählung

Joseph Conrad
Herz der Finsternis
Erzählung
Freya von den Sieben Inseln
Eine Geschichte von seichten Gewässern

Tibor Déry
Niki
oder Die Geschichte eines Hundes

William Faulkner
New Orleans
Skizzen und Erzählungen
Der Strom
Roman

Otto Flake
Die erotische Freiheit
Essay

Jean Giono
Ernte
Roman

Albrecht Goes
Das Brandopfer/ Das Löffelchen
Zwei Erzählungen

Nadine Gordimer
Gutes Klima, nette Nachbarn
Erzählungen

Manfred Hausmann
Ontje Arps

Ernest Hemingway
Schnee auf dem Kilimandscharo/ Das kurze glückliche Leben des Francis Macomber
Zwei Stories

Alice Herdan-Zuckmayer
Die Farm in den grünen Bergen
Das Kästchen
Die Geheimnisse einer Kindheit
Das Scheusal
Die Geschichte einer sonderbaren Erbschaft

Hugo von Hofmannsthal
Reitergeschichte und andere Erzählungen

Franz Kafka
Die Aeroplane in Brescia
und andere Texte

S. Fischer Verlag

fi 188/6a

Fischer Bibliothek

Franz Kafka
**Die Verwandlung/
Das Urteil
In der Strafkolonie**
Drei Erzählungen

Annette Kolb
Die Schaukel
Roman

Sonja Kowalewski
**Jugend-
erinnerungen**

Alexander
Lernet-Holenia
Der Baron Bagge
Novelle

Erika Mann
Das letzte Jahr
*Bericht über
meinen Vater*

Golo Mann
Nachtphantasien
Erzählte Geschichte

Heinrich Mann
Schauspielerin
Novelle

Katia Mann
**Meine ungeschrie-
benen Memoiren**

Klaus Mann
Kindernovelle

Thomas Mann
Das Gesetz
Erzählung
Herr und Hund
Ein Idyll
**Der kleine Herr
Friedemann/
Der Wille
zum Glück
Tristan**
Novellen
**Der Tod in
Venedig**
Novelle
Tonio Kröger
Novelle

Herman Melville
Billy Budd
*Vortoppmann auf
der »Indomitable«*

Luise Rinser
**Geh fort,
wenn du kannst**
Novelle
Die rote Katze
Erzählungen
Der schwarze Esel
Roman
Septembertag

Antoine de
Saint-Exupéry
Nachtflug
Roman

Paul Schallück
**Die unsichtbare
Pforte**
Roman

S. Fischer Verlag

Fischer Bibliothek

Arthur Schnitzler
**Leutnant Gustl/
Fräulein Else**
Traumnovelle

Inge Scholl
Die Weiße Rose

Abram Terz
(Andrej Sinjawskij)
Klein Zores

Leo N. Tolstoi
**Der Tod des
Iwan Iljitsch**
Erzählung

Jakob Wassermann
**Der Aufruhr um
den Junker Ernst**
Erzählung

Franz Werfel
**Eine blaßblaue
Frauenschrift**

Thornton Wilder
**Die Brücke von
San Luis Rey**
Roman
Die Frau aus Andros
Roman
Die Iden des März
Roman

Tennessee Williams
**Mrs. Stone und ihr
römischer Frühling**

Virginia Woolf
**Die Fahrt zum
Leuchtturm**
Roman
Flush
*Die Geschichte eines
berühmten Hundes*
Mrs. Dalloway
Roman

Carl Zuckmayer
Die Fastnachtsbeichte
Eine Erzählung
**Eine
Liebesgeschichte**

Stefan Zweig
**Brief einer
Unbekannten/
Die Hochzeit
von Lyon/
Der Amokläufer**
Drei Erzählungen
Erstes Erlebnis
*Vier Geschichten
aus Kinderland*
Legenden

Schachnovelle

**Vierundzwanzig
Stunden
aus dem Leben
einer Frau**
Novelle

S. Fischer Verlag